CARTULAIRE DE L'ABBAYE

DE

SAINT JEAN DE SORDE

PUBLIÉ POUR LA PREMIÈRE FOIS

SUR LE MANUSCRIT ORIGINAL

PAR

Paul RAYMOND

ARCHIVISTE DU DÉPARTEMENT DES BASSES-PYRÉNÉES

I0005795

PARIS
LIBRAIRIE ARCHÉOLOGIQUE DE
DUMOULIN
Quai des Augustins, 13

PAU
LIBRAIRIE DE
LÉON RIBAUT
Rue Saint-Louis

MDCCCLXXIII

INTRODUCTION

Le cartulaire de Sorde appartient à M. l'abbé Lugat, curé-doyen de Villeneuve-de-Marsan (Landes). Son zèle pour les travaux historiques l'a décidé à faire connaître en entier ce manuscrit que d'illustres historiens, Oihénart et Marca, ont mis à contribution, l'un pour son savant livre : *Notitia utriusque Vasconiæ*, publié en 1638 ; le second pour son *Histoire de Béarn*, imprimée en 1640 (1).

M. l'abbé Lugat m'ayant confié la publication du cartulaire, j'ai ajouté au texte de nombreuses notes géographiques et de concordance. Ces dernières m'ont semblé utiles parce que, ayant conservé l'ordre des actes tel qu'il est dans le manuscrit, la chronologie se trouve à chaque page intervertie. On m'excusera donc, je pense, d'avoir multiplié les renvois en ce qui concerne les abbés et les autres personnages dont les noms figurent dans le texte.

J'ai placé en tête des actes une date précise ou approximative, mais je n'ai rien mis à ceux qui ne contiennent

(1) Outre les chartes du cartulaire de Sorde insérées dans ces deux ouvrages, il existe une copie de ce manuscrit dans les papiers d'Oihénart conservés à la Bibliothèque nationale, collection Du Chesne, vol. xcix à cxiv. De nos jours, MM. Jules Balasque et Dulaurens, auteurs des *Etudes historiques sur Bayonne*, 2 vol. in-8, 1862 et 1869, ont pris une cope sommaire du cartulaire.

CARTULAIRE DE L'ABBAYE

DE

SAINT JEAN DE SORDE

PUBLIÉ POUR LA PREMIÈRE FOIS

SUR LE MANUSCRIT ORIGINAL

PAR

Paul RAYMOND

ARCHIVISTE DU DÉPARTEMENT DES BASSES-PYRÉNÉES

PARIS
LIBRAIRIE ARCHÉOLOGIQUE DE
DUMOULIN
Quai des Augustins, 13

PAU
LIBRAIRIE DE
LÉON RIBAUT
Rue Saint-Louis

MDCCCLXXIII

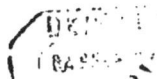

INTRODUCTION

Le cartulaire de Sorde appartient à M. l'abbé Lugat, curé-doyen de Villeneuve-de-Marsan (Landes). Son zèle pour les travaux historiques l'a décidé à faire connaître en entier ce manuscrit que d'illustres historiens, Oihénart et Marca, ont mis à contribution, l'un pour son savant livre : *Notitia utriusque Vasconiæ*, publié en 1638 ; le second pour son *Histoire de Béarn*, imprimée en 1640 (1).

M. l'abbé Lugat m'ayant confié la publication du cartulaire, j'ai ajouté au texte de nombreuses notes géographiques et de concordance. Ces dernières m'ont semblé utiles parce que, ayant conservé l'ordre des actes tel qu'il est dans le manuscrit, la chronologie se trouve à chaque page intervertie. On m'excusera donc, je pense, d'avoir multiplié les renvois en ce qui concerne les abbés et les autres personnages dont les noms figurent dans le texte.

J'ai placé en tête des actes une date précise ou approximative, mais je n'ai rien mis à ceux qui ne contiennent

(1) Outre les chartes du cartulaire de Sorde insérées dans ces deux ouvrages, il existe une copie de ce manuscrit dans les papiers d'Oihénart conservés à la Bibliothèque nationale, collection Du Chesne, vol. XCIX à CXIV. De nos jours, MM. Jules Balasque et Dulaurens, auteurs des *Etudes historiques sur Bayonne*, 2 vol. in-8, 1862 et 1869, ont pris une cope sommaire du cartulaire.

pas [de mentions pouvant servir à la chronologie ; et comme il est à peu près impossible de leur fixer une date autre que celle du siècle, je dis ici qu'aucun de ces actes ne m'a paru antérieur au XII⁰ siècle ni postérieur au XIII⁰.

Une photographie a été ajoutée à quelques exemplaires ; elle reproduit le verso du folio 4 du cartulaire, comprenant les actes XI, XII, XIII et le commencement de l'acte XIV.

On a ajouté au bas de la page deux sceaux de forme ovale. Celui de droite est le sceau de l'abbaye de Sorde, il est du XIII⁰ siècle et représente un moine à genoux sous une main qui bénit.

Légende : S[igillum]. CONVENTVS MONASTERII SORDVENSIS.

Le second, placé à gauche, est celui d'Arnaud Raymond de Caupène, abbé de Sorde en 1290 ; il représente un abbé vu de face, la crosse dans la main droite, tenant un livre de la gauche.

Légende : S[igillum] A[rnaldi] R[aimundi] DEI GRACIA ABBATIS SORDVE.

Ces deux sceaux, dont les originaux en cire jaune sont appendus à un pariage du 16 décembre 1290 entre l'abbaye de Sorde et le roi de France, représenté par Eustache de Beaumarchais, sénéchal de Toulouse, font partie de la collection des Archives nationales sous les nᵒˢ 4,818 et 9,119.

Sorde est aujourd'hui une commune du canton de Peyrehorade, arrondissement de Dax, département des Landes, j'emprunte à une histoire manuscrite de l'abbaye, rédigée en 1677 et conservée à la Bibliothèque nationale (fonds latin, 12,697, folio 232), la description du site.

« L'abbaye et monastère de Saint-Jean de Sorde, appelé en latin *monasterium Sorduense* ou bien *Sancti Joannis de Sordua* (1), est scitué à l'extrémité de la Guascoigne, dans le diocèze de Dacqs, entre les deux Gaves, l'un desquels se nomme le Gave béarnais, à cause qu'il traverse le Béarn, et arrouse la ville de Pau ; l'autre Gave se nomme le Gave d'Oloron pour prendre les eaux des monta'gnes de ce pays. Le monastère est bâti au bord du rivage du Gave d'Oloron, sur une hauteur qui le rend asseuré contre les inundations assez fréquentes de cette rivière ; son élévation le rend aussi agréable qu'on sçauroit souhaiter, il est à la veue d'une très-belle campagne qu'on descouvre sans peine de toutes parts, laquelle est accompagnée de tout ce qui peut rendre un lieu délicieux, on voit au bas d'un petit jardin et au pied du monastère la rivière du Gave d'Oloron, laquelle est coupée par une forte digue qui faict un canal pour conduire l'eau au moulin de l'abbaye scitué au fonds du jardin. Au delà de la rivière ce ne sont que des champs aussy agréables par leur beauté que utiles à cause de leur fécondité, et ce qui rehausse ce terroir fertile, c'est un costeau qui commence à s'eslever peu à peu à trois quarts de lieue au delà de la rivière, et qui représente comme en racourcy tout ce qu'il y a de plus beau dans la plaine ; au delà du costeau on voit paroistre le sommet des Monts Pirénées pendant plus de quinze ou vingt lieues de largeur, toutes blanchissantes

(1) Le nom primitif paraît avoir été *Sordo*, la finale s'est assourdie et le nom est devenu *Sorde*. C'est pour ce motif que je n'ai pas écrit *Sordes*, comme cela est quelquefois d'usage.

à cause de la froideur de l'air qui les environne et qui mé-
tamorphose pour ainsy dire l'eau de cette blancheur admirable ; à quoy il faut adjouster la pureté de l'air qui y est
admirable pour la santé. »

Il n'y a rien à changer à cette description ; les ruines
du monastère qui sont du XVIII⁰ siècle et l'église romane
Saint-Jean du commencement du XII⁰ siècle dominent
encore ce magnifique paysage.

L'abbaye de Sorde était comprise, comme on vient de le
voir, dans le diocèse de Dax et appartenait à l'ordre de
saint Benoit. Ainsi que beaucoup de maisons religieuses
du midi, elle prétendit avoir été fondée par Charlemagne ;
cette prétention remonterait assez haut, si l'on en croyait
la charte qui lui fut accordée par Guillaume VII, duc
d'Aquitaine, en 1120. Il importe de rétablir la vérité.

Sorde ne figure pas parmi les monastères mentionnés
dans le catalogue des abbayes de Gascogne dressé en
817. C'est seulement dans la seconde moitié du X⁰ siècle
que l'on voit paraître cette abbaye, lorsque le comte de
Gascogne, Guillaume Sanche, vers 975, lui donna l'église
de Sainte-Suzanne. (acte II, note 3).

D'après une charte publiée dans le *Gallia Christiana*
(I, instr. p. 167, édit. de 1870), la maison de Saint-Jean de
Sorde aurait été fondée par des moines de l'abbaye de
Saint-Michel de Pessan, du diocèse d'Auch (l'une des
abbayes comprises au rôle de 817). Pendant qu'un ancien
moine de Sorde, Arsius, était abbé de Pessan (entre 975
et 1020), un autre moine de Sorde aurait soustrait dans le
chartrier de Pessan l'acte de filiation qui rattachait Sorde
à cette maison ; mais un jugement du synode provincial
aurait solennellement replacé Saint-Jean sous l'autorité
de Saint-Michel ; ce dernier événement se place entre
1020 et 1030.

On vient de voir que cent ans après, en 1120, les moines de Sorde laissaient dire par le duc d'Aquitaine que leur maison avait été fondée par le grand empereur.

Jusqu'à présent l'on peut excuser l'ignorance; toute tradition s'étant perdue, l'abbaye cherchait à reculer son origine, mais plus tard, engagés dans cette erreur, les moines trouvèrent des faussaires pour fabriquer deux diplômes de Charlemagne qui contiennent chacun la fondation de l'abbaye de Sorde. Un seul diplôme suffisait, pourquo deux ?

Le premier nous apprend que dans la dixième année de son règne, Charlemagne ordonna de fonder un monastère à Sorde (1). Le second, qui est tout différent du premier, dit que c'est dans la quatorzième année du même règne (2).

Je ne reproduirai pas ces deux documents apocryphes, il suffit de les signaler et de dire que leurs textes sont en désaccord depuis le premier mot jusqu'au dernier.

Quoiqu'il en soit, l'obéissance de Sorde à l'abbaye de Pessan ne fut pas de longue durée, car à partir des premières années du XIIᵉ siècle, il n'y a pas trace dans les actes de la suprématie de celle-ci.

J'ai tenu à élucider cette origine de l'abbaye que Marca n'a fait qu'indiquer assez vaguement (3).

Je vais maintenant décrire le cartulaire et résumer ce qu'il contient d'intéressant.

Le manuscrit, composé primitivement de cinquante feuillets, est aujourd'hui incomplet et réduit à quarante-quatre ; les manquants sont ceux qui portaient les nᵒˢ 1, 8,

(1) Bibl. Nat. Baluze 46, folio 421 ; fonds latin 12,697, folio 247.
(2) Bibl. Nat. Baluze 46, folio 421.
(3) *Histoire de Béarn*, p. 229.

9, 16, 35 et 36. Chaque feuillet a 0m25 de hauteur et 0m165 de largeur et contient 27 lignes. Il n'y a pas de lettres ornées ; des rubriques et des capitales en rouge sont en tête des actes.

Le parchemin est bien préparé, l'encre bien conservée, l'écriture régulière est du XIVe siècle.

Le volume possède encore sa reliure ancienne : deux ais de hêtre recouverts d'une basane rose assujettie par cinq clous de fer à tête sur chaque plat. Les fermoirs ont disparu, il n'en reste qu'un petit crochet de fer.

Le cartulaire de Sorde doit être classé parmi les cartulaires-notices, car en général il ne donne que des résumés ou des extraits des actes originaux. je n'ai rencontré que peu de chartes qui m'ont paru transcrites *in extenso*, ce sont les nos VI à VIII, XIII, XXII, LIII, LVII, LVIII, LXVII, LXVIII, LXXVIII, LXXIX, LXXXI, LXXXII, CXX, CXXX, CLII à CLIX, CLXVI, CLXVIII à CLXXXII. Néanmoins ces résumés ont une valeur en ce qu'ils contiennent souvent des phrases copiées sur les chartes originales.

Des actes assez nombreux concernent le recrutement des moines, qui apportent tous une dot avec eux, ce qui explique l'accroissement continu de la fortune immobilière de l'abbaye, et comment, en deux ou trois siècles, Sorde étendit son autorité sur un pays relativement considérable, sans toutefois empiéter, chose digne de remarque, sur les biens des abbayes voisines, savoir : Divielle et Cagnotte au N, Larreule (Basses-Pyrénées) à l'E, Sauvelade au S-E, Lahonce au S-O et Arthous à l'O.

Je vais énumérer quelques chartes relatives à cet objet :

Un homme se fait moine, il donne une église et une somme d'argent (IV).

✝ Des parents font leur fils moine et donnent un paysan c'est-à-dire le domaine et l'individu (V). Notons que ce fait d'un enfant donné comme moine est fréquent, de sorte que l'abbaye se composait d'un nombre restreint de religieux adultes, car on n'en voit jamais figurer plus de quatre ou cinq, et d'une réunion d'enfants destinés à l'état monacal.

Une mère offre son fils à l'abbé et lui donne une terre et des vergers (XVI).

Un homme noble donne un domaine à un clerc à condition que l'abbaye recevra une mesure de seigle. Ce clerc se donne à l'abbaye sous la condition de desservir l'église du village où était le domaine, d'être nourri au réfectoire et de recevoir chaque année l'argent nécessaire pour se vêtir. De son côté il donne deux « superbes bœufs », sa maison et un cens en argent et en nature à prendre sur le domaine qu'il avait reçu (XXI).

Un prêtre ayant commis un meurtre, ses paroissiens le jugèrent indigne du sacerdoce et le chassèrent, il alla à Rome où le Pape lui conseilla de se faire moine à Sorde. Il donna des dîmes à l'abbaye à la condition que son fils hériterait d'une partie des revenus de son église. Plus tard il eut un autre fils, il le fit moine « parce qu'il l'avait engendré sous l'habit monastique. » Ces deux frères se partagèrent l'église. La fille de celui qui n'était pas moine se maria et n'eut pas d'enfans ; son mari ayant eu un procès avec un de leurs voisins au sujet de la dîme, donna un cheval et un faucon pour avoir celle-ci et la légua à l'abbaye (XXV).

Un père donne le quart des revenus d'une église pour que son fils entre au monastère (XXXIII).

Un enfant est reçu comme moine moyennant un paysan et une somme d'argent que donnent ses parents (XXXIX).

Un chevalier « de noble race » par crainte de la « géhenne éternelle » se fait moine et donne un cens, sa maison et des terres ; en échange l'abbé lui donne deux bœufs et de l'argent pour payer ses dettes (LI).

Contraste insuffisant

NF Z 43-120-14

Un homme, son gendre et son fils plaidaient avec l'abbé sur les revenus d'une église. Ils transigèrent, l'abbé donna un cheval et le chef de la famille fut reçu comme moine (LXIII).

Un noble, lorsque son fils se fait moine, donne un paysan et un verger (LXVI).

Un seigneur se fait moine, donne des terres et un cens (LXVII.)

La veuve d'un seigneur offre son fils unique pour moine et avec lui elle donne moulin, terres et domaine (LXVIII).

Un clerc avait une terre, il se donne avec elle à l'abbaye (LXXV).

Un seigneur, voulant faire son fils moine, donne une dîme, mais son gendre l'ayant reprise de force, le seigneur donne un paysan à l'abbaye (LXXVII).

— Un prêtre basque se donne à l'abbaye avec une église plus un paysan, on lui donne cette église à desservir. A sa mort, son frère veut reprendre l'église, l'abbé donne de l'argent et promet la sépulture dans le cloître ; un autre frère veut ravoir le paysan, l'abbé donne encore de l'argent (LXXXIV).

+ Un seigneur basque se donne comme moine à l'abbaye et pour cela livre un paysan. Mais avant de devenir moine, il veut aller au siège de Saragosse ; manquant du nécessaire, il vend à l'abbé la moitié d'une église. Le cousin de ce seigneur voulant aller à Jérusalem engage l'autre moitié à l'abbé. Au retour ce pèlerin pour dégager cette moitié donne un terrain planté de pommiers. Enfin il propose à l'abbé de lui vendre cette moitié d'église, ce qui est accepté, et comme il va combattre les Maures, l'abbé lui donne un mulet, une mule et une coupe d'argent. Ce guerrier mort, un cousin conteste le don et l'abbé donne encore de l'argent (LXXXVI).

Un prêtre basque se donne avec un paysan et son

domaine. De son vivant un de ses voisins, qui avait épousé une femme de la famille de ce prêtre, enlève ces biens à l'abbé. Celui-ci donne une somme d'argent A la mort du mari, la femme veut reprendre le paysan, l'abbé paie de nouveau (LXXXIX).

Un autre prêtre basque avait un fils qu'il fit moine, en même temps il donna un paysan et un verger ; à la mort du moine, un chevalier basque voulut enlever ces biens et arracha de l'argent à l'abbé pour transiger (xc).

✝ Un noble basque fait son fils moine et donne un paysan (XCIII).

Une noble béarnaise ayant eu deux maris sans avoir d'enfans, pensa bien faire pour son âme en achetant des terres dont elle donna une partie à l'abbaye. Elle avait un neveu qui lui était cher, elle demanda à l'abbé de le recevoir comme moine, afin qu'il priât pour elle, en même temps elle offrit des terres, l'abbé refusa. Néanmoins en mourant elle légua au monastère des terres et un verger. Mais alors son frère contesta la donation pour que l'abbé reçut son fils comme moine, l'abbé ne voulut pas, à moins qu'il ne donnât de sa propre terre, parce que le don de sa sœur était insuffisant. Le frère céda et donna un verger et un arpent de terre (c).

Une famille basque donna la moitié d'une église à la condition qu'un des membres serait moine et jouirait pendant sa vie des revenus de cette moitié, et qu'on l'inhumerait gratis dans un lieu honorable du cloître (cv).

Un seigneur gascon meurt sans enfans, son neveu hérite ; ne pouvant avoir de postérité légitime, il donne sa terre à l'abbaye pour se faire moine ; l'abbé le reçoit et lui donne de l'argent (CXVIII).

Un père se donne à l'abbaye avec son fils qui se fait moine et une portion d'église pour dot. En outre il attribue à son fils la moitié d'un verger dont le revenu servira à le vêtir. Après la mort du moine, l'héritier du verger devra donner une somme d'argent à l'abbé (CXXVII).

Un chevalier béarnais ayant donné à l'abbaye un droit sur un port de rivière, la sépulture lui est accordée dans le cloître. A sa mort, son fils contesta le don et plaida, mais l'abbé acheta la paix et le reçut comme moine (CXXX).

Un noble basque offre son fils à l'abbaye comme moine et donne un dîme, une « chantrerie » et une terre près d'une église pour que l'on y puisse bâtir une maison et un cellier (CXL).

Un basque se donne comme moine avec un domaine, un paysan et sa famille, une terre plantée de noyers et de pommiers, en échange l'abbé s'engage à faire chanter mille messes pour le nouveau moine (CXLII).

Une dame noble offre un de ses fils comme moine, elle lui donne des terres et une portion d'église, l'abbé promet d'enterrer dans le cloître le frère du nouveau moine et ce dernier donne à son frère quinze arpents de terre (CLXXIX).

Une dame noble basque donne des terres et un de ses fils pour qu'on en fasse un moine (CLXXXII).

On voit par les vingt-huit actes dont je viens de donner les sommaires comment l'abbaye recrutait son personnel et l'une des causes de l'augmentation de ses propriétés. Mais ce n'était pas seulement par l'admission des religieux qu'elle s'enrichissait. Outre ceux-ci, l'abbaye recevait des hommes et des femmes qui, las de la vie du siècle, venaient chercher dans ses murs le calme de l'âme et quelques-uns peut-être la certitude d'un certain bien-être jusqu'à l'heure de la mort.

Un acte que je viens de citer indique déjà ce fait de la réception dans le monastère de gens qui ne se faisaient pas moines (cxxviii). Je puis en multiplier les exemples :

L'abbé reçoit un homme dans l'abbaye, il lui accorde la nourriture et des vêtements s'il veut demeurer dans le monastère. Cet homme donne un repas à la communauté, 12 muids de blé et après sa mort un verger (xxii).

Un chevalier déjà mentionné fait entrer sa fille avec lui dans l'abbaye quand il se fait moine (li).

Un prêtre plaide avec l'abbé et, pour racheter ses péchés, il donne une terre et une vigne afin d'être reçu dans l'abbaye et inhumé dans le cimetière (lii).

Un noble détenait de force une dîme, on l'excommunia, il rendit la dîme, l'abbé lui donna de l'argent et, pour lui et son cousin, la nourriture et des vêtements (lxiv).

→ Un seigneur basque mourant donne une dîme, l'abbé le reçoit honorablement au nombre des frères et l'inhume dans le cloître. Plus tard d'autres seigneurs revendiquèrent cette dîme en disant qu'elle leur appartenait. On transigea et l'abbé les indemnisa en argent ainsi que la femme et le fils du défunt (lxxxiii).

Un seigneur béarnais et sa femme avaient la moitié d'une église et son domaine, ils les donnèrent à l'abbaye avec eux et leur fils, mais leur gendre attaqua l'abbé en disant que ces biens étaient à lui. On transigea, l'abbé donna une somme d'argent et retint l'église, mais le gendre garda les terres pendant sa vie et celle de sa femme (ciii).

Un vicomte gascon et sa femme avaient enlevé à l'abbaye une église du Pays basque et forcé l'abbé à transiger, on les admit dans le monastère comme des moines et on leur donna une somme d'argent pour les désintéresser (cvi).

A la suite d'une contestation, l'abbé donne à un seigneur gascon « le bénéfice de l'église à la vie et à la mort » comme à un moine et la sépulture dans le cloître (CXII).

Un seigneur basque avait donné à l'abbaye une portion d'église, et l'abbé l'avait reçu « au bénéfice de l'église et enterré honorablement. » Dans la suite, le fils enleva par la force ce que son père avait donné, mais ayant été excommunié, il restitua. De plus il donna sept pièces de terre pour que l'abbé lui accordât la sépulture et qu'il reçût un de ses bâtards pour servir toute sa vie l'église de Sorde. Le donateur ne fut pas inhumé au monastère; ses parents n'ayant pu l'y porter, l'abbé l'enterra dans son domaine (CXIV).

Un basque et sa femme se donnèrent à l'abbaye avec leur terre, à condition que, lorsqu'ils le voudraient, ils viendraient au monastère et qu'on leur y donnerait des vêtements et la nourriture selon les moyens de la maison. En outre l'abbé leur donna de l'argent (CXXI).

Une dame noble béarnaise, « soror nostre congregationis » dit le cartulaire, donne une dîme l'abbaye (CLIII).

Les donations pieuses faites par des princes, des seigneurs, des hommes libres et même des serfs, sont en grand nombre dans le cartulaire. Quelques-unes contiennent des particularités à citer :

+ Une femme noble donne une église et un enfant muet pour le service personnel de l'abbé, avec cette clause que si le muet recouvre la parole, l'abbé en disposera à sa volonté, sinon il restera à son service toute sa vie (VII).

Pour racheter son âme, un homme noble avait légué à l'abbaye une dîme et cent setiers de cidre tous les trois ans. Ses héritiers devaient donner en outre 100 sous « de la meilleure monnaie » ou un cheval de cette valeur et en attendant l'abbaye devait avoir un serf en gage. Enfin quand une vigne que le testateur désignait, donnerait du vin, il serait réservé pour la messe (XIII).

Un noble meurt pauvre, il ne peut donner que la moitié d'un verger. Son frère et sa sœur consentent au legs, alors l'abbé donne un bœuf et fait enterrer convenablement le défunt (xv).

Des hommes libres s'engagent à payer à l'abbé un cens en nature et en argent (xx).

Un village se met sous la protection de l'abbaye et promet des cens (xxiii).

Un vicomte gascon donne des droits sur la pêche (xxix).

Un gascon blessé par des Basques, sur la limite de leur pays, envoie chercher les secours spirituels à Sorde, il les reçoit et lègue un verger à l'abbaye. On place le mort sur une barque et on le descend à Sorde. Ses parents l'enlèvent pendant les obsèques, les moines courent après eux, demandent qu'on ne leur ravisse pas le corps, les parents répondent qu'ils ne le font que par crainte d'ennemis et prient les moines de venir avec eux; on enterre le défunt dans son village (xxxi).

✝ Un seigneur gascon ayant été lâchement assassiné, son frère vient à Sorde et donne une maison à l'abbaye pour que Dieu lui permette la vengeance. Ayant atteint le meurtrier, il lui coupe les mains, le nez, la langue et le mutile, puis il donne au monastère les armes défensives et la dépouille du vaincu (xxxii).

Un moine achète une part de dîme à un homme que des Basques tuent dans sa maison (xxxiii).

Une femme commet nuitamment un vol dans l'église de Sorde, on la met aux fers, elle donne un verger et une maison et ses parents s'engagent pour elle à payer un cens qu'elle doit donner (xxxiv).

Un homme n'ayant rien à donner en mourant à l'abbaye, comme il était d'une grande noblesse, sa femme donna pour lui et pour elle 20 setiers de cidre (xxxvii).

Une croix est soustraite à l'abbaye, le voleur est pendu.

Sa tante au lit de mort donne un domaine qu'elle avait acheté au supplicié, mais un seigneur s'oppose au don prétendant que ce domaine lui appartient (XXXVIII). Le rédacteur du cartulaire ajoute : « Voilà comment nous avons perdu cette terre » et il recommande cette affaire à un abbé qui aura du zèle.

Un seigneur, après une vie pleine de méfaits, vient repentant à Sorde, il donne un port sur la rivière des Gaves, un paysan et sa maison ; son fils donne aussi un paysan ; son autre fils entreprend le voyage de Saint-Jacques de Galice, il tombe malade et meurt jeune encore en léguant un autre paysan ; l'abbé, qui était cousin du défunt, garde le paysan jusqu'à sa mort et alors le rend à l'abbaye, mais ses deux neveux enlèvent de force ce paysan. Le premier seigneur avait acheté une terre qu'il avait donné à son fils qui l'avait vendue à l'abbé pour un cheval « d'une remarquable beauté, » l'abbé donna cette terre à son neveu ; plus tard celui-ci, son frère et l'abbé la donnèrent à l'abbaye (XXXIX).

Un homme noble avait reçu du duc de Gascogne plusieurs villages et un port de rivière ; après en avoir joui, il les donna à un vicomte qui les donna à l'abbaye. Dans la suite un autre duc de Gascogne s'empara de ces biens, l'abbé irrité pilla les villages. Le duc menaça celui-ci de lui enlever l'abbaye, mais l'abbé, sans s'effrayer, le cita devant les nobles, on plaida et il fut convenu que l'abbé donnerait de l'argent dans la huitaine et que le duc confirmerait le don des villages à l'abbaye. Néanmoins le duc enfreignit la convention et garda le port (XL).

Un seigneur basque donne un verger et tous droits de paçage dans ses bois et landes pour les bestiaux de l'abbaye (XLI).

Un homme vient d'un village éloigné de Sorde de vingt kilomètres environ pour implorer saint Jean. Rentré chez lui, il est exaucé, et en actions de grâce il donne à l'abbaye une rente de six pains (xliv).

Un seigneur, poursuivant pendant la semaine de Pâques des brigands qui ravageaient sa terre, est blessé par eux et meurt. Il donne, au lit de mort, la moitié d'une église pour jouir du paradis (xlv).

✛ Un basque plante un verger et le destine après sa mort à l'abbaye pour que ce premier labeur soit une aumône. Plus tard, en se mariant, il ne comprit ce verger ni dans le douaire de sa femme ni dans la donation qu'il lui fit. Cet homme « très-noble » ayant un procès avec l'abbé allait le terminer par un accord, lorsqu'il se noya dans la rivière. Ses parents le retirèrent et l'enterrèrent honorablement, et pour le repos de son âme ils donnèrent le verger (xlvii).

Un homme donne une terre à l'abbé, celui-ci la livre en viager à un paysan pour y planter. Le nom du donateur est inscrit dans « la règle » des frères (xlviii).

Un seigneur donne un paysan avec le gendre de celui-ci et le domaine qu'ils lui avaient acheté et défriché, de plus il donne un verger qu'il avait planté (liii).

✝ Un moine donne deux villages, mais son frère conteste cette libéralité en disant que leur père commun avait testé de telle façon que ces villages devaient revenir, après la mort du moine, au chef de la famille. On transige, l'abbé donne une somme d'argent et garde les villages (lvii).

Un chevalier avait un village de vingt-trois paysans, en mourant il le laissa à ses quatre jeunes fils, leur donnant pour tuteur leur cousin ; celui-ci se saisit du village comme un « rapace » et traita les enfants non en neveux mais en esclaves. Lorsqu'ils furent en âge, ils réclamèrent leur bien et il leur fut rendu diminué ; longtemps ils plaidèrent avec leur tuteur, sa femme et son fils. Ils moururent et un seul survécut. Enfin lui et sa femme donnèrent trois domaines et des terres (LVIII)

✝ Un seigneur avait un superbe cheval qu'un autre seigneur convoitait, ils firent prix pour 500 sous, mais comme l'acheteur n'avait pas d'argent, il donna un village. Dans la suite l'abbé reçut ce village en gage pour deux chevaux, l'emprunteur mourut avant de payer et il abandonna le village pour le repos de son âme. Il mourut « par l'épée » et fut enterré dans le cloître (LIX).

Deux paysans se donnent à l'abbaye pour qu'elle les défende et promettent des redevances (LXII).

✝ Un seigneur donne une terre à son fils qui était moine, celui-ci la donne à l'abbé qui enjoint à deux serfs de racheter leurs fils et filles, ils y consentent et donnent 60 sous pour toute leur famille (LXV).

✝ Une femme noble en mourant donne une église, en échange l'abbé subvient aux frais des funérailles (LXXXV).

✝ Un chevalier béarnais engage un verger à un prêtre basque pour quatre vaches et leurs veaux, le chevalier meurt à la guerre, son fils plaide avec le prêtre et l'on convient que moyennant huit vaches en deux ans, il recouvrera le verger, mais à ce terme ne pouvant rendre les vaches, il abandonna le verger. Le prêtre le donna à l'abbaye (XCIX).

Deux seigneurs basques, frères, avaient la moitié d'une église, ils firent deux parts de cette moitié et l'un d'eux à sa mort donna la sienne à l'abbaye (CIV).

Un seigneur gascon détenait injustement une terre près d'une église, l'abbé se plaignit à l'évêque qui excommunia le détenteur. Celui-ci tomba malade et l'évêque et l'abbé étant venus près de lui, il leur abandonna la terre; l'abbé donna une somme d'argent (CX).

Un seigneur basque donne le quart d'une église à condition que celui de ses descendants qui possèdera la dîme de l'église fera le service; les moines accordèrent à ce seigneur la sépulture gratis dans le cloître et la même faveur fut réservée à sa femme qui put choisir sa place dans le cimetière (CXIX).

Un chevalier laisse par testament un domaine qu'il recommande de ne pas aliéner et de n'engager qu'en cas d'extrême nécessité (CLXVIII).

Lorsqu'un don était fait à l'abbaye, le donateur mettait le missel sur l'autel de saint Jean ou y posait simplement les mains. C'était le signe matériel de la tradition.

Selon l'usage du temps les procès se vidaient par le duel judiciaire. Le cartulaire renferme sept actes qui en font mention. En voici l'indication :

+ Les héritiers d'un bienfaiteur de l'abbaye enlèvent à celle-ci la moitié des revenus d'une église. Un duel a lieu, la victoire reste au champion de l'abbé, malgré cela l'abbé donne une forte somme à son adversaire qui lui rend son bien et ils font la paix (VIII).

+ Une femme noble eut un duel avec un homme de Sorde à propos d'un verger. Le champion de la femme ayant triomphé, celle-ci donna à l'abbaye un setier de cidre et six pains (X).

+ Deux frères ont un duel avec un ennemi pour une église, ils gagnent et donnent à l'abbaye six pains et une mesure de millet (XII).

Un seigneur avait construit des moulins sur sa terre, après sa mort ils devaient revenir à l'abbaye. Un autre seigneur contesta en champ-clos le terrain au fils du donateur et gagna. L'abbé transigea, donna une terre et la moitié des moulins, mais l'adversaire promit les moulins après sa mort (LVI).

Un noble béarnais donne la moitié d'une église. A sa mort les parents ravissent cette donation, l'abbé en appelle à la cour du vicomte de Béarn, le duel est ordonné, mais on transige avant l'issue du combat (LXXXVIII).

Un vicomte et sa femme donnent un droit de pêche à l'abbaye pour le repos de leurs âmes et pour un duel qui leur avait été favorable en Navarre (CXV).

Une femme et ses fils se révoltent contre l'abbaye au sujet d'un droit de pacage, un duel a lieu devant le vicomte et l'abbé est vainqueur (CXLVI).

Cet acte nous fournit un fait assez curieux à relever : les champions y sont désignés nominativement. Le combat eut lieu devant le vicomte de Béarn, les champions étaient des béarnais, l'un de Saint-Dos, l'autre de Mesplède. Cela prouve que la coutume de Béarn était pour le duel judiciaire la même que celle de Bigorre qui ordonnait que les champions fussent indigènes. (Marca, Hist. de Béarn, p. 813.)

Le cartulaire contient aussi des actes qui ne sont pas des donations et ne peuvent guère se classer dans les catégories que je viens de passer en revue, par exemple :

Un noble, par le conseil de l'abbé de Sorde, bâtit une église sur sa terre (I).

Un village se met sous la protection de l'abbé et lui promet des cens en argent et en nature (XXIII). On a déjà vu des actes du même genre.

Un censitaire de l'abbaye reçoit une terre pour y bâtir une maison dans l'espace de sept ans, et s'il n'y bâtit, il paiera cependant le cens comme s'il l'avait fait (XLII).

Un seigneur voulant faire un moulin vient trouver l'abbé et lui dit que s'il veut lui donner les fers et les meules, il lui concédera la dîme à perpétuité (LXXVI).

L'abbé donne à un noble basque un domaine pour y

bâtir et quatorze arpents de terre à perpétuité sous une redevance (CII).

L'abbaye donne à une femme une église à garder et le soin de recueillir les dîmes dont elle devait compte chaque année. Ne trouvant rien des choses nécessaires au culte, elle paya un prêtre de l'abbaye pour qu'il desservit l'église (CVIII).

Un homme avait le quart d'une église, l'évêque vint et demanda à l'abbé le repas qu'il devait pour l'église, l'abbé réclama à l'homme le quart du repas. Mais étant trop pauvre, celui-ci ne put le payer ; il abandonna son droit sur l'église, sauf le froment, le millet et le seigle, à condition que l'abbé paierait le quart du repas (CXI).

Un jeune homme ayant tué le cousin d'une dame noble basque, celle-ci arracha les yeux au meurtrier. L'aveugle, pressé par le besoin, vendit à l'abbé toute la terre qu'il possédait (CXIII). Je crois que sous les formules ordinaires de cette charte se cache un drame d'amour dont l'héroïne serait Elvire de Gramont.

On sait que les pêches les plus abondantes se font de nuit, voici une confirmation de ce fait :

L'abbaye prétendait avoir le produit de la pêche de cinq nuits dans une nasse, les pêcheurs nièrent ce droit, l'abbé les poursuivit, on transigea et l'abbé abandonna la pêche d'une des nuits (CXX).

Vienne en Dauphiné jouissait d'une grande célébrité, et des Pyrénées les pèlerins qui cherchaient la santé venaient à Notre-Dame-de-La-Vie ; un acte du cartulaire en fournit un exemple. L'abbé de Sorde avait donné une terre inculte à deux frères pour la cultiver, ils la défrichèrent. L'un d'eux allant à Vienne pour se guérir donna la terre à son frère (CXXXI).

Un ancien échanson de l'abbaye demande une terre pour planter, on la lui donne, mais s'il n'a pas d'enfans, la terre doit revenir à l'abbaye; s'il a des enfans, un cens sera constitué (CXXXIX).

Les paroissiens des deux églises de Làa et de Lanneplàa, distantes de Sainte-Suzanne la première de quatre kilomètres et la seconde de deux kilomètres, devaient venir dans la nuit de Noël, aux Rameaux, à Pâques et à la Pentecôte pour faire baptiser les enfants à Sainte-Suzanne et y laisser chacun un pain et un cierge qu'ils apportaient avec eux (CXLVII).

De nombreuses chartes font connaître quelle était la nature des redevances payées à l'abbaye, mais avant d'entrer dans leur détail je citerai deux exemples qui se rapportent à celui donné plus haut (CXI).

Un noble reconnaît devoir chaque année un repas à l'abbé et à huit personnes l'accompagnant, de plus héberger neuf chevaux et dix domestiques (CLXVI).

Un autre devait recevoir l'abbé accompagné de cinq hommes à cheval et six serviteurs (CLXVII).

Les cens en argent se payaient quelquefois en monnaie poitevine, ordinairement en monnaie de Morlàas, c'est-à-dire béarnaise, qui avait cours dans tout le Sud-Ouest de la France.

Quant aux redevances en nature, elles étaient aussi variées que les productions du sol. On trouve du blé annona), du froment (frumentum), du seigle (triticum), du millet (milium), de l'avoine, du lin, des haricots. Beaucoup de tenanciers devaient donner du vin, du cidre (sicera, pomatum, pomade), des pains, de la viande, des bœufs, des porcs, des brebis, de la laine, des poules; d'autres des charrettes chargées de bois; d'autres du sel; d'autres enfin des poissons: saumons, aloses, truites, de la graisse d'esturgeon.

D'après l'usage féodal ces redevances ne se confondaient pas avec les charges ordinaires qui pesaient sur les paysans. Car les habitans des campagnes étaient soumis aux dîmes, prémices, étrennes, charrois, labours et travaux des terres, comprenant la préparation, la fumure, le sarclage, le « sciage » du blé, son battage. Il fallait encore, d'après le cartulaire, transporter les récoltes, ramasser les pommes, réparer les digues des canaux des moulins, se soumettre au droit de justice, aux amendes, donner des cautions, apporter des cierges; et, comme si l'on craignait d'avoir négligé quelque droit, la formule générale « tout le service qu'un serf doit à son seigneur » était employée pour qu'il n'y eut ni omission ni exception.

En ce qui touche les obligations personnelles, on voit que les familles de paysans ne pouvaient quitter le sol qu'elles travaillaient sans la permission du seigneur, à moins qu'elles ne consentissent à demander l'affranchissement que l'abbaye pouvait leur accorder en échange d'une somme d'argent.

Les habitudes des religieux de Sorde se ressentaient de celles de la société féodale, le calme ne régnait pas toujours derrière ces murs, asile de la prière. Les rédacteurs des chartes du cartulaire, dans des récits, dont on peut apprécier la naïveté et même la crudité, n'ont pas craint de dire, par exemple (CLXXX), que l'un des moines s'était emparé de l'église par la force et que l'abbé en avait été chassé.

Je ne dois pas oublier de noter qu'au point de vue philologique le cartulaire renferme un assez grand nom-

bre de mots de la langue vulgaire du XIe et du XIIe
siècle, la plupart sont insérés dans des chartes latines
et n'en ont que plus d'intérêt. Les autres figurent dans
des rôles de redevances, qui sont ordinairement des
documents fort anciens et pour l'intelligence desquels
il était indispensable d'employer un langage compris des
deux parties intéressées.

En résumé, si le cartulaire de Sorde ne fournit pas à
l'histoire des documents d'une importance considérable,
il fait connaître d'une manière très-claire pendant les XIe,
XIIe et XIIIe siècles la situation morale et matérielle
d'une petite région située au pied des Pyrénées.

CARTULAIRE DE L'ABBAYE

DE

SAINT-JEAN DE SORDE

(*Le premier feuillet du manuscrit manque.*)

I

Avant 1105

DE ECCLESIA SANCTI-MARTINI DE BONUT [1]

Forto Garsias deu Til [2] venit ad conversationem Deo et Sancto-Johanni de Sordua et, cum consilio dompni Geraldi [3], abbatis, et aliorum fratrum, fecit ecclesiam cum vicinis suis que, usque hodie, dicitur de Sancto-Martino de Bonut, in propria sua terra. Hanc ecclesiam dedit Sancto-Johanni cum redditibus qui ad eandem ecclesiam pertinent.

[1] Bonnut, commune du canton et de l'arrondissement d'Orthez (Basses-Pyrénées.) — L'église Saint-Martin, dont il est ici question, n'est pas celle qui porte aujourd'hui ce nom. Cette dernière est un édifice moderne dont une partie seulement (le sanctuaire) remonte au XVe siècle; cette portion de l'église fut probablement bâtie pendant que le bénéfice de Saint-Martin était possédé par Bertrand d'Auga, d'Orthez, curé, garde des chartes d'Archambaud, comte de Foix (1403-1429). (Arch. des Basses-Pyrénées, E. 391 et 393.) — La même église est mentionnée dans l'acte LI.

[2] Tilh, commune du canton de Pouillon, arrondissement de Dax (Landes), limitrophe de Bonnut.

[3] Géraud, abbé de Sorde, mort le 2 juin 1105. (Voy. les actes XIII, XIV, XVI, XVII, XXIII, XXIX, XXXV, XLI, XLII, XLVIII, LVI et LXXIII.)

II

1010 à 1032

DE SANCTO-PANTALEONE [1]

Sancius [2], comes, nepos suprascripte [3] Urrache [4], donavit Deo et Sancto-Johanni ecclesiam et totam villam que apellatur de Sancto-Pantaleone cum appendiciis, tam in terris quam in aquis ac redditibus ecclesiasticis et hoc liberrime pro redemptione anime sue et omnium parentum suorum.

[1] Cet acte est en partie reproduit par Marca, *Histoire de Béarn*, p. 229. — Saint-Pandelon, commune du canton et de l'arrondissement de Dax (Landes). Voy. les actes LXXXI, CXLIII et CLXXVIII.)

[2] Sanche Guillaume, duc et comte de Gascogne (1010-1032). Il figure dans les actes III, IX, XCII et CL.

[3] Ce mot paraît sans objet parce que le premier feuillet du ms. manque, mais Marca, qui avait eu entre les mains le cartulaire de Sorde dans un état plus complet, a reproduit dans son *Histoire de Béarn*, p. 229, l'acte suivant qui, sans aucun doute, était l'un de ceux du premier feuillet de notre cartulaire :

« Wilelmus Sancius, comes et dominus totius Vasconie, cum Urraca sua muliere, dedit dicto monasterio (de Sorde) ecclesiam de Sancta-Susanna [*], de Larbaig [**] et totam terram que pertinet ad eam in ipsa villa, tertiam partem decimo de Sancto-Estephen do Lar [***] et tertiam partem decimo de Lanepia [****]. »

[4] Urraque, fille de Garcie Sancho, roi de Navarre, femme de Guillaume Sanche, duc de Gascogne, morte vers 972. (Marca, *Histoire de Béarn* p. 210.)

[*] Sainte-Suzanne, commune du canton et de l'arrondissement d'Orthez (Basses-Pyrénées).

[**] Le Larbaig était un pays de l'arrondissement d'Orthez, qui tirait son nom du ruisseau le Lau. Voy. le *Dictionnaire topographique des Basses-Pyrénées*, imp. imp. 1863, pour tous les noms géographiques de ce département.

[***] Lau, village de la commune de Lau-Mondrans, canton de Lagor, arrondissement d'Orthez.

[****] Lanneplaa, commune du canton et de l'arrondissement d'Orthez,

III

10]0 à 1032

DE FAIXENS ET DE ARREMOS [1]

Iterum venit supradictus comes Sancius [2] et dedit ecclesiam de Sancto-Petro de Faisenxs [3] et ecclesiam de Sancto-Aniano de Arramos [4] cum redditibus suis Deo et Sancto-Johanni Sordue et hoc pro redemptione anime sue et omnium parentum suorum.

[1] Acte mentionné par Marca, *Histoire de Béarn*, p. 229.
[2] Sanche Guillaume, duc et comte de Gascogne (1010-1032), mentionné dans les actes II, IX, XCII et CL.
[3] Il ne reste que très peu de vestiges de cette église dans le quartier de Hachenx, qui fait partie de la commune de Bellocq, canton de Salies, arrondissement d'Orthez (Basses-Pyrénées).
[4] L'église Saint Aignan de Ramous, commune du canton et de l'arrondissement d'Orthez (Basses-Pyrénées). — L'édifice actuel est moderne.

IV

Entre 1150 et 1167

DE SORHAPURU [1] IN MIXIA [2]

Petrus Aurelie de Camer [3] venit in monasterium Sancti-Johannis Sordue ante presentiam dompni Arnaldi Bomon [4], abbatis, et Amati de Mor [5] et aliorum fratrum in capitulo, et rogavit omnes quatenus, per amorem domini nostri Jhesu-Xristi, darent sibi confraternitatem in cenobio suo, et hoc in tali conventione ut ille daret ecclesiam de Sancto-Martino de Soarpuru Deo et Sancto-Johanni. Venit supradictus A., abbas, et, consensu fratrum, dedit locum sicut uni fratrum ei, et insuper solidos Morlanensis monete [6]. Et hoc in tali conventu quod si aliquis, de generatione ejus P. Aurelie, voluerit insurgere contra monasterium de supradicta ecclesia, quingentos solidos

Morlanenses persolveret abbati et fratribus supradicti monasterii Sancti-Johannis. Fidejussores sunt Comdet de Miremont [7], Brasch Arravye, Garsion de Kios [8]. Testes sunt : episcopus Aquensis, Arnalt-Gylem [9]; R. Arnalt de Mirepeis [10] et multi alii et fratres ejus et sorores.

[1] Section de la commune de Larribar-Sorhapuru, canton de Saint-Palais, arrondissement de Mauléon (Basses-Pyrénées). — Voy. l'acte suivant.)

[2] Le pays de Mixe, compris dans l'arrondissement de Mauléon. Il est mentionné dans les actes V, LVII, LIX, LXXXII, XCVII, CVII et CXXII.

[3] Came, commune du canton de Bidache, arrondissement de Bayonne (Basses-Pyrénées). — Pierre Aurèle de Came, moine de Sorde, est cité dans les actes LXXIX, CVI, CXII, CXXVIII et CXXIX.

[4] Arnaud Bomon pour Boniou, abbé de Sorde (1150-1167), mentionné dans les actes IV, CVI, CVIII, CXI, CXII, CXIII, CXVII, CXVIII, CXXI, CXXVIII, CXLII, CXLIII, CXLVIII, CLXV et CLXVII. — Pierre Aurèle et l'abbé Boniou figurent comme témoins dans l'acte de fondation de l'hôpital d'Ordios en 1151 (*Gallia Christiana*, 1, instr., p. 173).

[5] Amat de Mor, moine turbulent, qui, en 1167, chassa l'abbé et s'empara de l'église de Sorde par la force. (Voir ci-après l'acte CLXXX.) Il figure, en outre, aux actes IV, LXIV, CXII, CXIII, CXVII à CXIX, CXXI, CXXVIII, CXXIX, CXXX, CLXVI, CLXXVIII, CLXXIX et CLXXXII.

[6] La monnaie de Morlàas, chef-lieu de canton de l'arrondissement de Pau (Basses-Pyrénées), avait cours dans tout le Sud-Ouest de la France. Le nombre des sous de Morlàas donnés au nouveau moine est omis dans le ms.

[7] Mentionné dans les actes LXXIX et CXLII. — Miremont est un domaine situé dans la commune de Guiche, canton de Bidache, arrondissement de Bayonne (Basses-Pyrénées).

[8] Voy. l'acte suivant.

[9] Arnaud Guilhem de Sort, évêque de Dax (1143-1167), cité dans les actes LXIV, CVI, CXII et CXLII.

[10] Marca, *Histoire de Béarn*, p. 432, cite deux actes, dont l'un de 1131, où Raymond de Mirepeix est mentionné comme baron de Béarn.

✠ V

Entre 1119 et 1136

D'AQUIODZ [1] IN MIXA

Gileminge de Manz-Barranto [2] et uxor ejus, Sansilou, soror germana vicecomitisse de Arberoe [3], venerunt ad

Sanctum-Johannem in presentia Gilelmi Martelli [4], abbatis, et aliorum fratrum et dederunt Sancto-Johanni decimarium [5] unum a Soharpuru [6], nomine Gasiou de Kioz [7],
tali conventu ut fecissent filium suum, Garsiam, monacum.

[1] Aquiodz ou Kios correspond au domaine appelé aujourd'hui
Ekiossia, situé à Sorhapuru, commune de Larribar-Sorbapuru.

[2] Masparraute, commune du canton de Saint-Palais, arrondissement de Mauléon (Basses-Pyrénées). — Guilleminge de Masparraute
est cité dans les actes LXXXIII et XCIII.

[3] Le pays d'Arberoue compris dans l'arrondissement de Bayonne
(Basses-Pyrénées), mentionné dans les actes LXXXI et CXV.

[4] Guilhem Martel, abbé de Sorde (1119-1136), figure aux actes
VII, LXXIV, LXXVII, LXXXI à XC, XCII, XCVII, XCIX, C, CIX à
CXI, CXIV à CXVI, CXXX, CXXXVII, CXXXIX, CXL, CXLVI, CXLVII
et CLXXX.

[5] Paysan soumis à la dîme.

[6] Sorhapuru. (Voy. l'acte IV.)

[7] Mentionné dans l'acte IV. (Voy. la note 1 ci-dessus.)

VI

Vers 1128

DE WILELMO [1], DUCE AQUITANIE

Ego Guilelmus, tocius Aquitanie dux, filius Guilelmi,
tocius Aquitanie ducis, donum quod donavit pater meus et
sua propria manu confirmavit ecclesie Sancti-Johannis-
Babtiste Sorduensi, do illi et propria manu confirmo omnia
i la que tenuit et tenet et adquirere poterit, tam de terris
quam de silvis, tam de aquis quam do viridariis, tam de
villis quam do piscariis, tam istarum rerum de tributis
quam de villanis. Hujus privilegii auditores et visores sunt
isti : dompnus Guido, episcopus Lascurrensis [2], dompnus
Gasto, Bearnensis vicecomes [3], dompnus Wilelmus, Laburdensis episcopus [4], Stephanus do Calmont, Ugo Matefe-
lonensis [5], Arnaldus de Leginge [6] et multi alii. Signum
Wi † lelmi.

[1] Guillaume VIII, fils de Guillaume VII (1127-1137).

(⁴) Gui, évêque de Lescar (1115-1141). — Lescar, ancien évêché, est aujourd'hui un chef-lieu de canton de l'arrondissement de Pau (Basses-Pyrénées.)

(⁵) Gaston IV, vicomte de Béarn (1088-1130), mentionné dans les actes VIII, LIV, LVII, LXXXVIII, XCIX, CXLVI, CXLVIII et CLII.

(⁶) M. Balasque rejette ce Guilhem, évêque de Bayonne, et pense qu'il faut lire *évêque de Dax* (*Etud s historiques sur la ville de Bayonne*, 1862, tome 1, page 105.) — Le Labourd est un petit pays compris dans l'arrondissement de Bayonne (Basses-Pyrénées.)

(⁷) Hugues de Matefélon. — Le mot *male* entre souvent dans la composition des noms propres du midi : *Matabiau, Matabois, Matepedouil, Matachot* (quartier d'Oloron), etc., avec le sens d'écraser, assommer.

(⁸) Arnaud de Laguinge, cousin et héritier d'Espagnol de Labourd et beau-père de Guilhem Raymond de Sault, est plusieurs fois cité dans le cartulaire. (Voy. les actes LXXXVI, CVI, CXVI et CLXXXI.) — Une commune du canton de Tardets, arrondissement de Mauléon (Basses-Pyrénées) porte le nom de Laguinge.

VII

8 janvier 1120 (n. s.)

DE ECCLESIA SANCTE-MARIE DE BERUNCE [1]

In nomine Dei patris omnipotentis et Filii et Spiritus Sancti. Ego, vicecomitissa de Beguer [2], et filius meus, vicecomes, pro remedio anime mee et parentum meorum, ut Deus nobis viventibus dare dignetur remissionem omnium peccatorum et defuncto vicecomiti, Garsie Lupo, centerisque [3] suis et nostris parentibus vitam eternam, Deo et Sancto de Sordua Johanni atque abbati, Wilelmo Martelli [4], ceterisque fratribus, ibi manentibus, tam futuris quam presentibus, ecclesiam Sancte-Marie de Burunza cum oblationibus et cum omnibus decimis et cum terris cultis et incultis et pascuis et rivis et fontibus, circum circa, longe lateque difusis, cum puero muto, Anerossoiz [5], qui custodie nutriture abbatis manciperetur, hoc respectu ut si potuerit mutus loqui, judicio episcopi ordinatur, sin autem ibi custodiendo nutriatur usque ad mortis finem, libere damus et corroboramus et firmiter concedimus ad regendum et imperpe-

tuum tali tenore possidendum, ut semper presentes et
futuri in loco Sancti-Johannis Deo servituri teneant, et
in proprium alodium hereditario jure semper possideant,
nulla spe recuperandi posteris nostris reservata. Si quis
autem contra hanc donationis cartam insurgere temptave-
rit et infestare vel inquietare voluerit, sit particebs pro-
dicionis Dathan et Abiron, quos terra obsorbuit, et cum
Juda proditore, qui Dominum precio vendidit, dampnatus
in inferno, apud inferos infernali cloaca sepultus, nisi re-
sipuerit et ad dignam emendationem et penitentiam per-
venerit. Facta est autem concessionis istius carta Deo et
Sancti-Johanni et Wilelmo Martelli, abbati, et fratribus,
tam futuris quam presentibus, in manu Bernardi, Aus-
ciensi archiepiscopi [6], vi idus januarii, anno ab incarnatione Domini millesimo centesimo xvIIII [7].

Signum ejusdem archiepiscopi, B., Ausciensis. †
Signum prioris Ademarii, Electensis [8]. †
Signum Benedicti, archidiaconi Laburdensis [9]. †
Raimundi Sancii, canonici de Baiona. †
Signum archiepiscopi capellani, W. †
Sunt etiam visores et testes : Arnaut Sanz de Sirsa [10]
et de Villa-Nova [11], Anerossoiz, Lopeossoiz [12], Garsias,
archidiaconus [13], Sancius de Sancto-Juliano [14] et alii fere
omnes Cirse [15] clerici. Item fuere alii quam plures testes
et visores quorum nomina tediosum est scribere per sin-
gula : Brasc Auriol de Larsaval [16], Raimo de Camou [17],
clericus, Sans de Befasken [18].

[1] Olhonce, quartier de la commune de Çaro, canton de Saint-
Jean-Pied de-Port, arrondissement de Mauléon (Basses-Pyrénées). —
Cet acte est mentionné par M. Balasque. (*Études historiques sur Bayonne*,
1, p. 84.) L'église d'Olhonce fait l'objet de l'acte CLXXX.
[2] La vicomté et vallée de Baïgorry est comprise dans l'arrondissement de Mauléon. (Voy. l'acte CLXXX.)
[3] Pour *celerisque*.
[4] Guilhem Martel, abbé de Sorde (1110-1130). (Voy. les actes V,
LXXIV, LXXVII, LXXXI à XC, XCII, XCVI, XCVII, XCIX, C, CIX
à CXI, CXIV à CXVI, CXXX, CXXXVI, CXXXIX, CXL, CXLVI, CXLVIII
et CLXXX.)

(¹) Mentionné plus bas comme témoin. — Ce sont deux noms réunis *Aner* et *Ossoiz*.

— (⁶) Bernard d'Astarac, d'abord évêque de Bayonne, puis archevêque d'Auch en 1118. (Voy. *Études historiques sur Bayonne*, 1, p. 66 et suivantes.)

(⁶) L'année commençant alors à Pâques, la date correspond au 8 janvier 1120.

(⁶) Alet, abbaye de Bénédictins; c'est une commune du canton et de l'arrondissement de Limoux (Aude). — Bernard, archevêque d'Auch, ayant été moine dans l'abbaye d'Alet, il est naturel de voir auprès de lui le prieur de ce monastère.

(⁹) Benoît, archidiacre du Labourd, diocèse de Bayonne.

(¹⁰) Cize, nom d'un pays compris dans l'arrondissement de Mauléon.

(¹⁰) Traduction latine du nom basque Iriberry, section de la commune de Bustince-Iriberry, canton de Saint-Jean Pied-de-Port, arrondissement de Mauléon.

(¹²) Lope Ossoiz, probablement parent du muet Aner Ossoiz.

—(¹²) Garsias, archidiacre de Cize, devint évêque de Bayonne après l'élévation de Bernard d'Astarac à l'archevêché d'Auch.

(¹⁴) Probablement Saint-Julien, quartier de la commune d'Ossès, canton de Saint-Étienne-de-Baïgorry, arrondissement de Mauléon.

(¹⁵) Le pays de Cize.

(¹⁵) Larceveau, commune du canton d'iholdy, arrondissement de Mauléon.

(¹⁷) C'est peut être le même personnage appelé Raymond d'Escos, prêtre de Camou, dans les actes LXXXIX et XCIX. — Camou (Mixe) est une commune du canton de Saint-Palais, arrondissement de Mauléon (Basses-Pyrénées).

(¹⁸) Béhasque, commune du canton de Saint-Palais, arrondissement de Mauléon. — On retrouve Sanche, curé de Béhasque et moine de Sorde, dans l'acte LXXXIV.

VIII

Entre 1105 et 1119

DE ECCLESIA D'ARRIBAUTE (¹)

Definicionem placiti quod fuit de ecclesia de Aribalda hec est.

In potestate habuit eam Sanctus-Johannes LX et eo amplius annis, datam a possessore ejusdem ecclesie, sed postea, incrassanto diabolo, in diebus Celtulli (²) comitis choheredes nostri de illa ecclesia, munere dato ad comitem, quia tunc non erat abbas qui eam defenderet, arripuerunt ecclesiam, videlicet medietatem quam habebat Sanctus-Johannes, et casal prope ecclesiam in superiori parte. Postea abbas Aiuerius [3], cum fratribus sibi commissis, querimonia facta multis diebus, in presentia - dompni Oddonis [4], episcopi, et Gaston [5], vicecomitis, fecit duellum et victoriam in prope concessam a Deo, consilio proborum virorum et nobilium, dedit ducentos solidos ad dominam cum qua placitum habebat, nomine Benedictam [6], et ad filium ejus, nomine Lupo [7]. Et ipsi reddiderunt illam medietatem ecclesie de omnibus omnino rebus, de minimis sive maximis, que offeruntur pro vivis et pro mortuis, in decimis et primiciis, in panibus etiam et candelis et in bestiis et gallinis et caseis et ovis, et presbyterum ambo mitterent in ecclesiam et per hos fidiatores firmaverunt Deo et Sancto-Johanni ut usque in finem seculi salva esset finis, scilicet unus fidiator fuit Brasc Garsie de Navars [8] et alter Arnaut Garsies de Monen [9] et scripturam posteris tradentes manu sua corroboraverunt, ut nec ipsi nec successores eorum vim facere presummant. Visores et testes : Bernard Gilem d'Escot [10] et Raimon Escac de Besaldin [11] et Galin de Leginge et Lob Brasc de Salbaterre [12] et Brasc Garsies de Luxa [13] et Bergon Garsia de Agramont [14]. Nos quoque firmavimus illis illud casal unde querimoniam habebamus quem tenuerat Sanctus-Johaunes, ut illi persolverent omnem censum vicecomiti et nos absolute habemus partem illam de ecclesia.

His ita pactis, postea retinuit ipsa mulier Benedicta decimam suam et decimam de Fitis [15], dicens non se misisse in convencionem et venimus per pignora ante vicecomitem et judicantibus et laudantibus omnibus baronibus, firmavimus jurando in ecclesia Sancti-Lidori [16] ad integrum. Juratores qui juraverunt fuerunt Bergon Garses de Agramont et Arnaut do Leren [17] et illa firmavit per supradictos fidejussores Brasc Garses de Navars et Arnaut Garsies de Munen. Alios quoque fidejussores dedit

ad abbatem in presencia vicecomitis : Galin de Leginge
et Arramon de Giestars [13], ut nec ipsa nec successores
ejus nullam calumpniam per ullum ingenium audeant facere, nec in corporibus nec in rebus nec in ipsis decimis,
et si fecerint trecentos solidos persolvant vicecomiti et
legem illius delicti ad abbatem et finem salvam in antea
teneant.

♀ Rivehaute, commune du canton de Navarrenx, arrondissement
d'Orthez (Basses Pyrénées). (Voy. les actes LXXXVIII et CVIII.)

[1] Pour *Centulli.* — Centulle IV, vicomte de Béarn (1060-1088). — L'in-
dication des soixante années fait remonter la donation de l'église de
Rivehaute aux dernières années du Xe siècle ou aux premières du XIe.
— [2] Ainer, abbé de Sorde, entre 1105 et 1119. (Voy. les actes XXI,
XXII, XXXVI, XLIX, LI, LII, LIV, LVII à LXI, LXIII, LXVII, LXVIII,
LXXVI, LXXVII, LXXX, LXXXVIII, XC, XCVI, CII, CXIV et CLXII.)
— [3] Odon de Bénac, évêque d'Oloron (1083-1101). (Voy. l'acte LXXXVIII)
— Rivehaute appartenait au diocèse d'Oloron (Basses-Pyrénées)

[4] Gaston IV, vicomte de Béarn (1088-1130). (Voy. les actes VI, LIV, —
LVII, LXXXVIII, XCIX, CXLVIII et CLII.)

[5] Benoîte de Rivehaute est aussi mentionnée dans l'acte LXXXVIII.

[6] Loup ou Loupon de Rivehaute. (Voy. les actes LXXXVIII) et
CVIII.)

[7] Nabas, commune du canton de Navarrenx, arrondissement d'Orthez (Basses-Pyrénées).

[8] Munein, section de la commune de Saint-Gladie-Arrive-Munein ,
canton de Sauveterre, arrondissement d'Orthez.

[9] Ce lieu peut être aussi bien Escot, commune du canton d'Ac-
cous, qu'Escout, commune du canton d'Oloron-Sainte-Marie-Est, arrondissement d'Oloron (Basses-Pyrénées). — Bernard Gilem d'Escot
figure dans un acte du cartulaire de Lescar publié par Marca, *Histoire de Béarn*, p. 384.

[10] Bezaudun, quartier de la commune d'Arengosse, canton d'Ar-
jusanx, arrondissement de Mont-de-Marsan (Landes).

[11] Sauveterre, chef-lieu de canton de l'arrondissement d'Orthez.
— Loup Brasc de Sauveterre figure aussi dans l'acte XIX.

[12] Luxe, commune du canton de Saint-Palais, arrondissement de
Mauléon (Basses-Pyrénées). — Brasc Garsie de Luxe est souvent cité.
(Voy. les actes VIII, XLI, XLVII, LVII, LIX, LXXXIII, LXXXVI et
CLXXX.)

[13] Gramont, château dans la commune de Bidache, arrondissement de Bayonne (Basses-Pyrénées). — Bergon Garsie de Gramont
figure aussi dans l'acte LVII.

[14] Probablement Les Ahitaux, quartier de la commune de Bar-

rauio-Camu, canton de Sauveterre, arrondissement d'Orthez (Basses-Pyrénées). sur la limite de Saint-Gladie.

(10) Saint-Gladie, commune du canton de Sauveterre, arrondissement d'Orthez (Basses-Pyrénées).

(11) Léren, commune du canton de Salies, arrondissement d'Orthez. — Arnaud de Léren avait épousé la fille de Guilhem d'Osserain. Il figure dans les actes LIX, LXXVI, LXXVII et XC.

(12) Gestas, commune du canton de Saint-Palais, arrondissement de Mauléon (Basses-Pyrénées).

IX

1010 à 1032 et 1072 à 1100

DE VILLA DE BORTES [1]

Igitur ego Sancius [2], comes, timens Dominum et amorem habere cupiens Sancti-Johannis, dedi hoc donum, Deo et Beato-Johanni, scilicet villam que vocatur Bortas, quam in pignus tenebat miles ipsius ville, Aiquem Fort, per centum solidos. Conquisitor hujus ville fuit Brasco [3] abbas, qui dedit centum solidos ad comitem et comes ad Aiquem Fort et solvit villam et dedit illam in franquitatem Sancto-Johanni, ut jure perpetuo det unusquisque septem panes et duas concas vini et quatuor civade et singulos porcos et singulos boves foras provinciam et fidejussores ad preceptum abbatis et sint Deo et Sancto-Johanni in secula seculorum.

(1) Lieu dont le nom a disparu des cartes. Bortes, d'après les indications fournies par l'acte CL, était situé dans le canton de Pouillon, arrondissement de Dax (Landes), entre les communes de Caunellle, Saint-Cricq-du-Gave, Labatut, Pouillon, Gaas et Cagnotte-et-Cazorditte.

(2) Sanche, duc et comte de Gascogne (1010-1032). (Voy. les actes II, III, XCII et CL).

— (3) Brascon, abbé de Sorde entre 1072 et 1100, mentionné dans les actes XXV et XXXI b s.

X

DE UNO CENSU DE PEYROS [1]

Auriola de Peiros, mulier baro [2], cum filiabus suis et genero suo. fecit duelle bellum propter viridarium cum Garsia Tort de Sordua, et fecit ipsa Auriola et filia ejus donum Beato-Johani, ut ipse et successores eorum quando habent vicem dent unum sextarium sicere et sex panes omni tempore.

(¹ Peyrous, quartier de la commune d'Orthevielle, canton de Peyrehorade, arrondissement de Dax (Landes).
(¹ Noble.

XI

DE FORT G. DEU NODZ [1]

Forto Garsias de Onoz fecit donum Sancto-Johanni de honore suo, cum uxore sua, Faguil nomine, et filii eorum, ut usque in perpetuum permaneant in hoc servicio, id est ut dent sex panes et duas concas sicere et duas civade, et firmavit hoc ipse super altare.

[1] L'acte XXVII concerne la même famille. — Le lieu qui semble correspondre à ce nom est Anhaux, dans le canton de Saint-Etienne-de-Baïgorrz. On prononçait au moyen-âge *Anos* et on prononce encore ainsi.

XII

DE OEYRA [1]

Brasc Garsies et Fort Garsies de Oire habebant duellum bellum propter ecclesiam Sancte-Marie [2] et ut Deus illos meritis Sancti-Johannis adjuvarent [3], quod et fecit, fecerunt donum Sancto-Johanni, ut ipsi et successores illorum, sine ulla retractacione, dent sex panes et unam concam milii, in secula seculorum. Amen.

[1] Oeyre-Gave, commune du canton de Peyrehorade, arrondissement de Dax (Landes).— Ce nom est écrit *O.yra, Oeyre, Oire, Oura*. (Voy. les actes XXXIII, CXXVIII et CLXXIX.)
[2] Il est question de cette église dans les actes XXXIII, CXXVIII et CLXXIX.
[3] Pour *adjuvaret*.

XIII

Entre 1072 et 1105

DE DONO DODO DE FELGARS [1]

In nomine Domini dedit Dodo quod de Falgars Sancto-Johanni incipit : Ego Dodo facio donationem Deo et Sancto-

Johanni, pro redemptione anime me‸ ‸t posterorum meorum, similiter tenentium, de decima d‸ ‸urlana [1] et de centum sextarios, post mortem meam, ‸ sicera ad tercium annum, et quicunque tenuerit honorem meum persolvat centum solidos melioris monete aut equum qui sine dubio valeat, interim Garsianer de Carrere Beatus-Johannes teneat in vadimonio, et hoc donum tali conventione affirmo Beato-Johanni, ut quicumque posterorum meorum infringere voluerit totam Surlanam perdat et Sanctus-Johannes totum teneat.

Denique hoc expecto ut quandiu vinea mea de Surlana vinum levaverit, me- reddendo et posteris meis vinum Sancto-Johanni semper in altare sancti Johannis, de ipso vino sacrificium fiat. Hanc donationem faciens in presencia dompni abbatis, Geraldi [3], tociusque congregationis aliorumque virorum probabilium [4] generaliter laudantium.

[1] Dodon de Heugas. — Heugas est une commune du canton et de l'arrondissement de Dax (Landes).

[2] Aujourd'hui Suslanno et Suslannot, quartiers de la commune de Saint-Pandelon, près de la limite de Heugas.

— [3] Géraud, abbé de Sorde, mort en 1105. (Voy. les actes I, XIV, XVI, XVII, XXIII, XXIX, XXXV, XLI, XLII, XLVIII, LVI et LXXIII.)

[4] Prudhommes, notables.

XIV

Entre 1072 et 1105

DE FORTO GARSIE DE SENDOS [1]

Quod multa per tempora definire laboravimus, nunc definitum habemus, videlicet quod Forto Garsie de Sendos viginti jornadas de alodio dedimus, sexdecim in parrochia Sancte-Marie [2], quatuor in Besla-Marela [3], et ipse dedit fidejussores Gilem Sanz de Sendos· et Garsie Sanz de Blesla-Campia [4], ne ulterius preter hoc donum de alodio Sancti-Johannis retinere presumeret ; hoc propter donum et propter mansum in quo manebat, jure perpetuo mancipatum Sancto-Johanni scitoto cum hujusmodi censo viginti panes, porcum duorum solidorum, duas concas vini, quatuor annone. Hoc factum est in presencia dompni abbatis Geraldi [4].

[1] Saint-Dos, commune du canton de Salles, arrondissement d'Orthez (Basses-Pyrénées).

[2] Il y avait deux paroisses à Saint-Dos : Sainte-Marie et Saint-Pé. La première correspond à Saint-Dos, la seconde à Saint-Pé-de-Léren. — Sainte-Marie est citée dans les actes LXXIV, XCI, XCII et CXXVI.

[3] Les Mareilles, quartier de la commune de La Bastide-Villefranche, canton de Salles, arrondissement d'Orthez. — Besle-Mareille est mentionné à l'acte XC. — Besle-Cample aux actes XXXI, LVIII et LXXXI.

— [4] Géraud, abbé de Sorde, mort en 1105, cité dans les actes I, XIII, XVI, XXIII, XXIX, XXXV, XLI, XLII, XLVIII, LVI et LXXIII.

XV

DE W. DAT DE SEN-CRIC [1]

Gilem Dat de Sen-Cric, die sui exitus, deductus ad summam penuriam, dedit, pro animabus parentum suorum et pro anima sua, medietatem viridarii in loco qui dicitur Bena [2], et totam terram juxta portum. et de aliis terris quas habebat in Bortas [3] medietatem similiter.

Similiter donante fratre suo, Eiquem Dat, et sorore sua, Forza Dat, solvente abbate bovem unum debitori defuncti et cetera que conveniebant officio defuncti.

[1] Saint-Cricq-du-Gave, commune du canton de Peyrehorade, arrondissement de Dax (Landes).

[2] Nous ne pensons pas qu'il soit question ici du village de Labenne, canton de Saint-Vincent-de-Tyrosse, arrondissement de Dax (Landes), mais d'un quartier de Saint-Cricq, près du Gave de Pau.

[3] Cette localité est citée dans les actes IX, L, LXXXI et CL.

XVI

Entre 1072 et 1105

DE BRESQUITA DEU SEGUER

Bresquita deu Seger quando obtulit filium suum, Causit, Sancto-Johanni in presentia dompni abbatis Geraldi [1]

dedit pro eo totam terram quam habuit Raimundus, pueri
pater, in Sen-Cric, et viridarios, ut essent imperpetuum
Sancto-Johanni.

— (¹) Géraud, abbé de Sorde, mort en 1105, mentionné dans les
actes I, XIII, XIV, XVII, XXIII, XXIX, XXXV, XLI, XLII, XLVIII,
LVI et LXXIII.

XVII

Entre 1072 et 1105

DE CASSAVER (¹)

Enginelt, uxor Bernard Gilem de Casier (²), dedit pagensem unum in Beiria (³) Sancto-Johanni, pro anima sua et
parentorum suorum, pagensem dico reddentem censum sicut unum de melioribus ejusdem ville. In presentia dompni
abbatis, Geraldi (⁴); et fratres sui, Ductrandus et Alandus,
et filius ejus firmaverunt donum, mittentes misal super
altare Sancti-Johannis.

(¹) Cassaber, commune du canton de Salies, arrondissement d'Orthez
(Basses-Pyrénées).
(⁴) Il y a une erreur de copiste ; il faudrait *Cassaber* comme dans
la rubrique.
(⁵) Beyrie, commune du canton de Saint-Palais, arrondissement de
Mauléon (Basses-Pyrénées), mentionné aux actes CXXII et CCL.
(⁴) Géraud, abbé de Sorde, mort en 1105, cité aux actes I, XIII,
XVI, XXIII, XXIX, XXXV, XLI, XLII, XLVIII, LVI et LXXIII.

XVIII

DE CORRON (¹)

Sancius Forto de Corro convenit Sancto-Johanni x panes et duas concas annone et sextarium cicere, propter vi
jornatas de alodio et propter viridarium. Ipse et successores eorum, jure perpetuo, et fidejussores. Item Raimundus et Endreguot, videlicet viri Sancti-Johannis, hanc
conventionem fecit (²), ut, jure perpetuo, det xv panes

et duos sextarios sicere et concas annone et duodecim denarios pro porco, et fidejussores ad mandatum.

(¹) Pour Goron, quartier de Sorde.

(²) Cette phrase signifie : *Raymond, homme de Saint-Jean de Sorde, et Balregot, sa femme, ont fait cet accord, etc.*

XIX

Entre 1058 et 1119

DE ARRUZET

Em Arnaut de Marenci (¹), die obitus sui, dedit, pro anima sua, honorem de Arruzet Deo et Sancto-Johanni, totum casal cum viridario ibi plantato. Testes et visores : Lob Brasc de Salvaterre (²) et Garsi Gilem de Salinis (³) et Eimo et Arremon Giralt et Fort Garsies de Barrere.

(¹) Le Marensin est un pays du département des Landes, arrondissements de Dax et de Mont-de-Marsan.

(²) Loup Brasc de Sauveterre est déjà mentionné comme témoin dans l'acte VIII.

(³) Salies, chef-lieu de canton de l'arrondissement d'Orthez (Basses-Pyrénées). — Garsie Guilhem de Salies est mentionné dans l'acte XXII. — Marca, *Histoire de Béarn*, p. 281, donne sur ce personnage, qui vivait en 1058, les détails suivants : « Ce trompeur de Salies (Garsie Guilhem) perdit la veue en punition de son insolence (il avait usurpé la dime de Carresse) et s'en vint à l'église de Saincte-Marie (de Lescar) et résida longtemps en sa cour, et par ses prières et la promesse qu'il fit sur l'autel de rendre Caresse, recouvra la santé de ses yeux. Mais estant de retour à sa maison il se saisit de ces rentes par une nouvelle violence ; de sorte qu'il fut excommunié par l'archevesque et les évesques de la province et mourut frappé de la lèpre, appelée communement *piccote*, dit l'original. » On appelle encore en Béarn la petite vérole *picote*.

XX

DE VILLANIS DE MISSO (¹)

Gilolmus Lupus de Amiso et Forto de Peirelene fuerunt franqui Sancti-Johannis, jure perpetuo, ut unusquisque ex suo casali, ipsi et successores eorum, dent paues

VII et duas concas annone et sextarium cicere, et, si habuerint porcos in suas vel in aliorum domos, dent singulos aut duodecim denarios et fidejussores.

(¹) Misson, localité citée aux actes XXI, XLIII, LV, LXXXI et CLXXXII. — C'est une commune du canton de Pouillon, arrondissemment de Dax (Landes). — Ce nom est écrit dans le cartulaire *Misso, Amiso, Amizo.*

XXI

Entre 1105 et 1119

DE R., CAPPELLANO DE MISSO

Garsie Fort de Carresse (¹) scilicet de Muret (²), dedit unum casal in Amizo ad Raimundum, clericum, et ut haberet in eternum Sanctus-Johannes unam quartam tritici. Ipse Raimundus, clericus, in presentia abbatis, Ainerii (³), et consensu omnium fratrum, dedit se Sancto-Johanni hac conventione ut esset capellanus et haberet victum in refectorio, et pro vestitu omni anno duodecim solidos, et hoc omnibus diebus vite sue. Ipse quoque dedit senioribus duos boves mire magnitudinis et pulcritudinis et suam domum, jure perpetuo, ut omni anno ipsum casal det VII panes et duas concas annone et sextarium scicere, quando habuerit in viridariis.

(¹) Carresse, commune du canton de Salles, arrondissement d'Orthez (Basses-Pyrénées).
(²) Muret est un quartier de la commune de Lagor, arrondissement d'Orthez.
(³) Ainer, abbé de Sorde, entre 1105 et 1119. (Voy. les actes VIII, XXII, XXXVI, XLIX, LI, LII, LIV, LVII à LXI, LXIII, LXVII, LXVIII, LXXVI, LXXVII, LXXX, LXXXVIII, XC, XCVI, CII, CXIV et CLXII).

XXII

Entre 1105 et 1119

DE ARNALDO DE BADZ (¹)

Hoc privilegium feci ego, abbas, Ainerius (¹), consilio omnium fratrum in capitulo, de receptione Arnaldi de Badz,

2

ut memorie traderetur et firmiter teneretur. Suscepimus etenim eum in conventu vel in congregatione nostra ut monacum ut victus ei concedatur in refectorio et vestitus omnibus diebus vite sue, et si ejus fuerit voluntas in monasterio habitu suscipiatur. Ipse autem hanc conventionem fecit nobis : dedit refectionem omnibus intus et foris, dedit quoque duodecim modios frumenti et unum viridarium post vitam suam, et hoc donum firmavit mittendo misal supra altare, cum testibus : Arnaut Arramon de Placis [1] et Garsie Gilem de Salinis [4].

In Bads [3] quoque tenemus aliud viridarium quod quedam mulier dedit Sancto-Johanni.

[1] Arnaud de Baigts figure aussi dans l'acte CXLVIII.
[2] Ainer, abbé de Sorde, entre 1105 et 1119. (Voy. les actes VIII, XXI, XXXVI, XLIX, LI, LII, LIV, LVII à LXI, LXIII, LXVII, LXVIII, LXXVI, LXXVII, LXXX, LXXXVIII, XC, XCVI, CII, CXIV et CXLII.)
[3] Plassis est le nom d'un ancien fief situé sur les communes de Balansun et de Castétis, canton et arrondissement d'Orthez (Basses-Pyrénées).
[4] Garsie Guilhem de Salies est cité comme témoin dans l'acte XIX.
[5] Baigts, commune du canton et de l'arrondissement d'Orthez.

XXIII
Entre 1072 et 1105
DE SANCTO-CIRICO [1]

Adquisitio quam fecit Sanctus-Johannes de villa Sancti-Cirici in presentia abbatis, Geraldi [1], hec est : videlicet quod, perpetuo jure, se subdidit omnis villa Beato-Johanni, hac conditione, ut, unoquoque anno, unusquisque pagensis concederet VII panes et duas concas annone et singulos porcos, si in suas vel aliorum domos haberent, excepto Fontanellas et domum Raimundi Brasc. Ecclesia tamen cum novem mansis, quatuor reddentibus decem singillatim panes cum omni servili censu, et tres similiter cum VII panibus, et unus ex his porcum, reddentes censum a pristino tempore, in alodio est ejusdem monasterii.

[1] Saint-Cricq-du-Gave. (Voy. les actes XVI, LXXXI, CXLIV et CXLVI.)

— (¹) Géraud, abbé de Sorde, mort en 1105. (Voy. les actes I, XIII,
XIV, XVI, XVII, XXIX, XXXV, XLI, XLII, XLVIII, LVI et LXXIII).

XXIV

1293

DE DONO QUARTE PARTIS DECIME DE LAFONTAN (¹)

Eodem quoque tempore, Anglesa de Sancto-Martino. do-
mina Sancti-Cirici (²), dedit monesterio Sordue ob amorem
Sancti-Johannis quartaz partes decime quam habebat in
Lafontano. Anno Domini м° сс⁹ nonagesimo tercio.

(¹) Cet acte est entièrement transcrit sur un grattage. L'écriture,
dont l'encre est différente du reste du manuscrit, ne paraît pas de
la même main. — Lahontan, commune du canton de Salies, arrondissement d'Orthez (Basses-Pyrénées).
(²) Saint-Cricq-du-Gave.

XXV

Entre 1072 et 1100

DE SANCTO-PETRO D'ORIST (¹) ET SANCTI-SATURNINI DE PUY (²)

Hoc donum, quod in subsequentibus demonstrabimus,
dedit Bergundius Ainerii de Urist Sancto-Johanni. Ecclesia Sancti-Petri de Urist. erat istius predicti Bergundi Ainerii in alodio et tercia pars Sancti-Saturnini de Pui, sed
dum viveret, cum essent (³) sacerdos fecit omicidium, qua
de causa judicaverunt parrochiani sui, cum se vellet iterum intromiterre de sacerdocio, illum indignum esse sacer-
dotali ministerio. Unde compulsus tanto celere, abiit
Romam, consilioque dompni Pape fecit se monacum Sancti-
Johannis et dedit mediam partem decime Sancti-Petri de
Urist et medietatem tercie partis decime Sancti-Saturnini
de Pui secum Sancti-Johanni (⁴), hac conditione ut filius
suus, qui remanebat eres reliquo partis ecclesie, faceret
custodire ecclesiam Sancti-Petri et Sancti-Saturnini, nullam
curam habente abbate custodiendi eas. Ita ut ipso filius
ejus, Gaius nomine, et successores illius haberent deci-

mas, tam de ovibus quam de porcis et de gallinis etiam et de pecoribus. Deinde habuit alium filium de matre Gai, Garsiam nomine, quem fecit pater ejus monachum, quia genuerat eum in monastico habitu. Et Garsias cum fratre suo, Gaio, ecclesiam per fenestram cum lineis divisit et terram, et contigit parguarsie contra rivum qui vocatur Bagat [5], quam partem dedit Beato-Johanni cujus erat monachus. Gaius vero habuit filiam, nomine Totam, quam tradidit marito Bernardo de Ustusi, sed ex illa non habuit filium vel filiam. Et Tota venit ad Brasconem [6], abbatem, et ad Garsiam Alem, monachum, qui tenebat in obedientia Sanctum-Petrum de Urist et quesivit ipsam obedientiam quam dederit. Ipsa vero accepit misal et misit in altare, dans post obitum suum omnem partem ecclesie Sancti-Saturnini et de decimariis et de terra et de casal, quam dederat ei et marito suo, Bernardo, pater suus. Et Bernardus habuit placitum cum Forti Lupi de Bildos [7] qui tenebat medietatem decime de Lanuce [8] cum uxore sua, Tota, propter ipsam decimam ante Arnuldum de Falgars [9] et Gilemo Sancio, vicecomite de Orta [10], et super placitum fecerunt finem. Ipse Fort Lub dedit ipsam medietatem decime quam tenebat, Bernardus vero dedit illi, cum uxore sua, unum equum et accipitrem, et Bernardus, cum uxore, post obitum, dederunt Sancto-Johanni. Hec superius dona scripta tali conventione fuerunt data, ut ex parte Sancti-Johannis non fuissent decantate ecclesie, sed alii heredes facerent decantare. Et qui vim facere voluerint de his donis, sicut Datan et Abiron obsorbuit terra, ita degluciat eos infernus, et sint maledicti in secula seculorum. Amen.

[1] Orist, commune du canton de Peyrehorade, arrondissement de Dax (Landes.)
[2] Saint Saturnin est le vocable de l'église de Pey, commune du canton de Peyrehorade, arrondissement de Dax (Landes).
[3] Pour illi.
[4] Pour Sancto.
[5] Le ruisseau Bagat, dont le nom est resté à un moulin, porte

sur la carte du Dépôt de la guerre le nom de ruisseau de Les-
pontes, il se jette dans l'Adour à Orist.

— (5) Brascon, abbé de Sorde, entre 1072 et 1100. (Voy. les actes IX
et XXXI bis.)

(6) Fort Loup de Blaudos. — Biaudos est une commune du canton de Saint-Martin-de-Seignaux, arrondissement de Dax (Landes).

(7) Il s'agit d'un quartier situé près d'Orist.

(8) Arnaud de Heugas, cité dans l'acte XLVI.

(9) Guilhem Sanche, vicomte d'Orthe, manque au catalogue dressé
par Oihénart (p. 548).

XXVI

1068 à 1072

DE BERGUNDO DE ALGA (1)

Quidam homo de Alga, Bergundio nomine, venit ad
conversionem et dedit Sancto-Johanni, cum alia dona, terram que vocatur Arreola, cum consens suorum parentum,
quam terram Gregorius (2), abbas vel episcopus, dedit ad
FortAner de Alga, jure perpetuo, ut ipse et ejus successores darent VII panes et sextarium vini et duas concas
annone et porcum aut duodecim nummos et fidejussores
ad mandatum.

(1) Le nom d'Alga correspond à la forme moderne Auga, qui signifie
source. Il y a une commune de ce nom dans le canton de Thèze, arrondissement de Pau (Basses-Pyrénées). Nous ne proposons qu'a-
vec réserve cette identification, bien qu'il y ait un domaine rural du
nom d'Arreglat porté sur un terrier de 1767. (Arch. des Basses-Pyrénées, C. 1070, fo 10.)

— (2) Grégoire, abbé de Sorde et de Saint-Sever, évêque de Dax et
de Lescar, vivait en 1068, il mourut en 1072. (Voy. les actes XXXVIII,
LV et LVI.)

XXVII

DE OT GUILHEM DEU NOTZ (1)

Oz Gilem de Onodz et ejus uxor acceperunt terram in
Onoz a Sancto-Johanne pro hujusmodi censu ut ipsi et
successores corum in eternum dent fidejussores et VII
panes et porcum et vini sextarium et annone duas concas.

(1) Voir ci-dessus l'acte XI.

XXVIII

DE YGAS [1]

Arnaldus de Serra, filium suum, Garsiam, et pro anima sua, dedit in Ygars unum casal in alodio Sancto-Johanni. Unum casal tenet Sanctus-Johannes in partinas quem debet servire tribs [2] Garsia, Sauz, Milaceon de Pumanar cum VII panes et duas concas civade aut una milium et fidejussores.

[1] Ignas, quartier de la commune de Peyrehorade, arrondissement de Dax (Landes).
[2] Pour *tribus*.

XXIX

Entre 1072 et 1105

DEUS PORTZ DE ORTA [1]

Vicecomes Lupus Garsias [2], pater Sanci Lupi [3], dedit in Lana [4] duos portus, nomen unius Port-Nau [5] et alter Bads, reddentibus pro censu primum picem unoquoque die, et quartum de omnibus retibus, a primo die Quadragesime usque in Paschâ, exceptis retibus franquis. Postea abbas, Geraldus [6], in capitulo, cum consilio aliorum fratrum, fecit portus francos tali conventione, ut ex uno rete habuisset unum picem et ex alio alium, a primo jactu recium usque ad festivitatem Sancte-Crucis, que est in maio mense [7].

Sancius Lupus, vicecomes de Orta, dedit alium portum Aresport [8] Sancto-Johanni similiter primum et quartum picem reddentem.

[1] La vicomté d'Orthe.
[2] Loup Garsias, vicomte d'Orthe, vers 1060. (Voy. l'acte CLXVIII.)
[3] Sanche Loup, vicomte d'Orthe, mentionné plus bas.
[4] Lanne ou Port-de-Lanne, commune du canton de Peyrehorade, arrondissement de Dax (Landes), sur l'Adour.
[5] Le Port-Neuf sur l'Adour.
[6] Géraud, abbé de Sorde, mort en 1105. (Voy. les actes I, XIII,

XIV, XVI, XVII, XXIII, XXXV, XLI, XLII, XLVIII, LVI et LXXIII.)

(*) L'Invention de la sainte Croix le 3 mai.

(*) Rasport, quartier de la commune de Saint-Etienne-d'Orthe, canton de Peyrehorade, arrondissement de Dax (Landes), sur l'Adour.

XXX

Vers 1080

DE LUCARRAU A LANE [1]

Gilem Sancius, vicecomes [2], dedit in Lucarau unum pagensem, patrem scilicet Forti Lupi et Format Lupi, pagensem dico reddentem censum sicut unus de melioribus ejusdem ville scilicet de Lane, pro anima sua et animabus parentum suorum, dedit Deo et Sancto-Johani.

(*) Port-de-Lanne.

(*) Guilhem Sanché, vicomte d'Orthe, mentionné déjà dans l'acte XXV.

XXXI

Entre 1105 et 1119

DE LUXETROU

Bernard Gilem de Lane [1], nepos Doad Brasc, vulneratus a Vacceis [2] mortali vulnere in Plesla-Campia [3], misit ad monasterium propter magistrum ut daretur sibi penitentia, et accepit penitentiam de manu Jheremie [4], monachi, et corpus Domini et ordinavit unum viridarium quem ipse plantaverat in Luxotror et statim defunctus est. Quem levans de terra Jheremias misit in unam navim et portavit usque ad Sorduam, ibique jacuit et celebrate sunt ejus exequie. Venientes quoque parentes ejus subito levaverunt eum de domo ubi jacebat cum intra ecclesiam cantantes essemus. Quem cum magna velocitate portantes, perreximus post eos et sigillavimus ut eum qui seipsum ordinaverat Sancto-Johanni non aufferrent.

At illi dixerunt non allio modo se eum portare nisi metu
inimicorum, rogaverunt itaque nos ut cum eis iremus.
Quos sequentes Gilelmus Brascus et Jheremias sepelierunt
in Sancta-Maria de Lane, et post sepulturam miserunt
istos predictos monachos Donatus Brascus et ejus uxor
et presbyter, Eiquelmus, et soror ejusdem Bernardi, nomine
Gasen,...

(¹) Port-de-Lanne.
(²) Les Basques.
(³) Les Mareilles. (Voy. la note 3 de l'acte XIV.) Il faut lire *Besla-Campia*.
(⁴) Jérémie, moine de Sorde, mentionné dans l'acte XLIX. — Il
vivait au temps de l'abbé Ainer (1105-1119).

*(Le manuscrit est incomplet de deux feuillets, le huitième
et le neuvième.)*

XXXI *bis*

Entre 1072 et 1105

..... fidejussores, Garsie Sanz de Arbera ⁽¹⁾ et Sanz Ozan
de Bardos ⁽²⁾, firmaverunt ut nec ipsi nec eorum successores ulterius inquirerent et ut hoc firmissime teneretur,
triginta misse cantate sunt pro antecessores eorum et
ut domina Sanza, bono animo, ut faceret, datum est illi
linum quod erat de decima in ipso solummodo anno. In
terra quoque Sancti-Johannis sunt duo mansi cum servi-
ciis suis, quam debent tenere cum tercia parte ecclesie
quam debent cantare et rectum facere Sancto-Johanni et
abbati, ipsi qui sunt de genere, bone memorie viri, Ainerii patris, Brasconi ⁽³⁾. Ipsam vero terciam partem abba
Sancti-Johannis Brasco dedit ad patrem Ainerii qui fuit
de Goossa ⁽⁴⁾.

(¹) Arbéroue.
(²) Bardos, commune du canton de Bidache, arrondissement de
Bayonne (Basses-Pyrénées).
(³) Brascon, abbé de Sorde, entre 1072 et 1105 (Voy. les actes IX
et XXV.)

[1] Goos, commune du canton de Montfort, arrondissement do Dax (Landes), — ou la seigneurie de Gosse, canton de Saint-Vincent-de-Tyrosse, même arrondissement.

XXXII

→ Vers 1100

DE DONO D'ARNAL SANS [1]

Denique Arnalt Sanz, filius Sanz Fort, debebat bellum facere cum Gilelmo Malfara pro traditione quia tradidit fratrem suum, Fort Sanz, et occidit eum in castello Aspremont [2], et venit ipse Arnalt Sanz ad orationem Sancti-Johannis, et dedit unum casal in Quisen [3] cum alodiis quod emerat a matre sua, ut Deus illi daret traditorem et cepit eum et amputavit ambas manus ejus et summitatem narium et lingue ejus et abscidit testiculos ejus et spolia ejus, id est loricam, galeam, scutum, caligas ferreas, ciroteclas similiter ferreas, omnia dedit Sancto-Johanni.

[1] Cet acte a été analysé par M. Balasque. (*Études hist. sur la ville de Bayonne*, I, p. 74.) — Arnaud Sanche et Forto Sanche, tous deux fils de Sanche Fort, vivaient en 1097. Ils donnèrent à cette époque divers biens à l'église de Bayonne.

[2] Les ruines du château d'Aspremont existent encore à Peyrehorade. C'était le manoir des vicomtes d'Orthe.

[3] Guiche, commune du canton de Bidache, arrondissement de Bayonne (Basses-Pyrénées.)

XXXIII

Entre 1105 et 1119

DE ECCLESIA DE OEYRE [1]

Quartam partem ecclesie Sancte-Marie de Oire dedit Sancto-Johanni pro don Sanzo, filio suo, Garsia Fort, ut omni tempore vite suo daretur locus intrandi concederetur. Denique decima partem ejusdem ecclesie comparavit monachus, Wilelmus Brascus [1], de quodam homine, Guilemtina de Urdason [2], quem occiderunt Vacci [3] in domo sua et dedit Sancto-Johanni, jure perpetuo. Ipse quoque Wilelmus Brascus dedit pagensem in Sendos[5] unum Sancto-Johanni, nomine Sanz Brasc, reddentem tres census et fidejussores ad mandatum abbatis. In Oura quoque tenet Sanctus-Johannes unum pagensem, nem[6] Garsie Prierida, solummodo Sancto-Johanni censum reddentem et Garsi Amara ita sancivit ut nichil omnino vicecomiti[7] faceret nec villico ejusdem ville, sed integre serviret Sancto-Johanni cum fidejussoribus. Hic villanus supra alium censum debet daret[8] in mense maio duos salmones valentibus XII nummos.

[1] Œyre-Gave. (Voy. les actes XII, LXXXI et CLXI.)
[2] Le moine Guilhem Brasc vivait au temps de l'abbé Ainer.
[3] Urdaix (prononcez Urdache), quartier de Sorde. C'est un mamelon dont le plateau de six hectares domine le pays.
[4] Les Basques.
[5] Saint-Dos.
[6] Pour *nomine*.
[7] Le vicomte d'Orthe.
[8] Pour *dare*.

XXXIV

Vers 1060

DE MULIERE QUE FECIT LATROCINIUM

Mulier quedam, Biliart nomine, instigatione diaboli commota, latrocinium fecit in Sancti-Johannis oratorium. Que, in latrocinio noctu deprehensa et in vinculis posita pro latrocinio et pro sacrilegio quod fecerat, dedit unum viridarium et unum casal, cum fidancias affirmantes ipsa et sorores ejus, Forza et Endregot, et frater ejus, Arremon Fort, Garsia Gilem de Camo, consobrinus ejus, et Arremon Gilem vel qui honorem ejus tenuerit, firmaverunt ut, usque in eternum, detur hujusmodi census sex panes, VII dinerates de carne, duas concas annone, sextarium cicere. Fidejussores autem sunt Forto Garsias de Oura-Subira[1] et Ane Fort de Oura-Josa[2] in perpetuum. Hec omnia facta sunt in presentia abbatis Wilelmi[3]. Ipse Garsia Gilem, me presente, die obitus sui, dedit terram quam

habebat super ripam fluminis (4) supra Budaurum (5) obtimam pro portu anima sua Sancto-Johanni.

(1) Œyre-Haut, quartier d'Œyre-Gave.
(2) Layus, quartier d'Œyre-Gave.
— (3) Guilhem I de Goron, abbé de Sorde, en 1060 (Voy. les actes
XXXIX, XL, XCII et CXXXI.)
(4) Les Gaves-Réunis.
(5) Probablement la rivière la Bidouze qui se jette dans l'Adour
sur le territoire de Guiche.

XXXV

Entre 1072 et 1105

DE CENSU GASSI ARIOL [1]

Hic census debetur reddi pro manso qui tenenet (2) Garsi
Arol de Urdasen (3) in Sordua scilicet vi panes et una
conca annone et sex nummi in mense maio. In Urdasen
tenet unum viridarium qui plantavit ipse et stabilivit censum, bone memorie, Geraldus (4), abbas, ut quando levaverit sciceram in ipso anno reddat duodecim sextarios sicere.

[1]. En note, écriture du XIVe siècle : « Hoc mansum et terram,
viridarii tenet Beliarda, filia R. Bernardi de Urdaixen et de Quatras. »
(2) Pour *tenet*.
(3) Urdaix.
— (4) Géraud, abbé de Sorde, mort en 1105. (Voy. les actes I, XIII,
XIV, XVII, XXIII, XXIX, XLI, XLII, XLVIII, LVI et LXXIII.)

XXXVI

Entre 1105 et 1119

DE ECCLESIA DE URDAIXEN (1) ET VILLANIS

In Urdasen, excepto ecclesiam quam integram habet,
tenet Sanctus-Johannes vii casales in alodio, cum census
et redditus uniuscujusque casali. Habitator quoque quis-
que fuerit in Coro tenet unum casal parvulum secus
suam domum, pro quo stabilitum est in presentia Ainerii (2), abbatis, ut dontur tres panes, una conca civade

vel milium, una gallina, unum bovem ad carrei semel
in anno ubicunque voluerit abba, et hominem ad triticum purgandum in area. Proter his, alias terras habet
Sanctus-Johannes in supradictis villis, in riperas et in su-
berius et viridarios quas, bone anime, pro spe salutis et
vite eterne, dederunt Deo et Sancto-Johanni. Unde co-
municamus supstites [3] ut non fraudent Deo et Sancto-
Johanni ne forte mortem quam Ananias et Saphira in
corpore pertulerunt, ipsi in animam paciantur.

[1] Urdaix.
— [2] Ainer, abbé de Sorde, entre 1105 et 1119. (Voy. les actes VIII,
XXI, XXII, XLIX, LI, LII, LIV, LVII à LXI, LXIII, LXVII, LXVIII,
LXXVI, LXXVII, LXXX, LXXXVIII, XC, XCVI, CII, CXIV et CLXII.
[3] Pour *supstites*.

XXXVII

DE DONO WILELMI SOSTO [1]

Quidam homo, nomine Gilem Sosto, habebat mulierem,
nomine Mariam, in Oura-Subira [2], et veniens et ad obitum mortis non habebat quid daret pro animam suam.
Et quia erat magne nobilitatis vir, ipsa Maria, uxor ejus,
dedit, pro sua anima et pro ejus anima, de viridario
quem ipse plantavit eo anno quo habuerit pomas, xx
sextarios sicere, usque in finem det qui eum tenuerit.
Fiat, fiat. Amen.

[1] Soustons est le nom d'un chef-lieu de canton de l'arrondissement de Dax (Landes).
[2] Œyre-Haut, quartier d'Œyre-Gave.

XXXVIII

Entre 1068 et 1072

DE COMTO DE GORON

Benedicta de Campania et de Goron, die obitus sui,
dedit unum casal quem emerat de quodam suo nepote,
nomine [1], qui propter latrocinium quod fecit, furans cru-

cem Sancti-Johannis, suspensus est in patibulum, et ipsum casal cum alodiis dedit Deo et Sancto-Johanni. Quod audiens, Comto de Goron perrexit ad Arnalt Lub [1] et quia terra illa pertinebat ad eum, rogabat ut non permitteret dare eam Sancto-Johanni. At ille pergens tantumdem rogabit eam usque quo pro pignus eam dimisit pro sexaginta solidos. Postea perrexit Arnaut Lub ad dompnum Gregorium [2], episcopum, et tandiu fuit in curia ejus, donec veniret voluntas et daret sibi terram eo quod esset suus homo pro illa terra et hoc injuste et Arnalt Lub dedit ad. Conto et sue generationis in servicium. Hoc ideo scripsimus ut quisquis abbas zelatus fuerit zelo Dei, sciat tali conventione perdidisse Sanctum-Johannem terram. Tamen nos putamus ut non dederit ille ad ordinandum.

[1] Le nom est omis dans le ms.
[2] Arnaud Loup de Goron dont il est question dans l'acte XXXIX qui suit.
[3] Grégoire, abbé de Sorde et de Saint-Sever, évêque de Dax et de Lescar (1060-1072). (Voy. les actes XXVI, LV et LVI.)

XXXIX

Vers 1060

DE DONO ARNALDI LUP DE GORON

Dompnus Arnaut Lub de Goron, temptatus temptacione maligna, venit satisfaciens Deo in oratione et jejunio ad Sanctum-Johannem, rogavit omnes fratres ut pro eo Domino funderent preces simulque jejunarent. Jejunio peracto et cantatis psalteriis et missis, penitentiam accipit et refectionem fratribus dedit et helemosinas pauperibus erogavit et hoc donum Sancto-Johanni dedit, scilicet illum portum que vocatur Glera [1] ut acciperetur primum et quartum salmo, et manu sua corroboravit, mittendo missal super altare, pro redemptione animarum parentum suorum et pro absolutione peccatorum suorum et pro delibe-

ratione demonum, coram idoneis testibus dedit hoc Deo donum. Ipse quoque Arnaut Lub, ad mortem veniens, pro spem
vite eterne et pro gratia Sancti-Johannis, dedit Sancto-Johanni unum pagensem illum casalem qui erat Sanz Aicart.
Bernardus quoque, filius ejus, die obitus sui, similiter dedit
alium pro anima sua pagensem, nomine Fort Brac, cum suo
servicio faciente de pane et vino et civade, VII panes, duas
concas vini aut quatuor frumenti, II civade et porcum et
fidejussores. Arnaldus etiam, frater ejus, filius Arnalt
Lub, pergens ad Sanctum-Jacobum [1], juvenili florens etate,
infirmatus est in via et, veniens ad Goron, jacuit multis
diebus ad ultimum, veniens ad obitum, dedit Sancto-Johanni alium pagensem, nomine Bergon Torner; sed abbas,
Gilelmus [3], ejus consobrinus, consensum omnium fratrum,
tenuit cum in vita sua in matrimonium [4] et post obitum
suum remisit illum Sancto-Johanni; sed nepotes ejus, videlicet Bras Gilem et Raimon Gilem, in fortitudine et in
robore suo, obtinuerunt eum vim facientes, donec ipse
Bras Gilem daret filium suum Sancto-Johanni, offerens illum
ad servitium Dei et dedit illum pagensem reddentem censum sicut unus ex aliis villanis. Terram quoque in Ar-
gilers emit Arnaut Lub de Doad Lub de Salinas [5]
quam jure parentum tenebat et dimisit eam Arnaldo, filio
suo, et Arnaldus vendidit dompno Vilelmo, abbati, pro
uno equo nigro, mire pulcritudinis, valente centum solidos,
et abbas Gilelmus dedit ad Brasc Gilem, nepotem suum,
tantum in vita sua et postea Brasc Gilem et ipse abbas et
Raimon Gilem cum una parte in Clavera nassa dederunt
pro Arnaldo puero et X solidos Deo et Sancto-Johanni.
In aliis quoque nasis in Gaur [6] usque stagnum Sancti-
Cirici [7], ubicumque fuerint facte, habet Sanctus-Johannes
partes aut tres aut quatuor. In Goron monasterio dedit
Raimundus, pater Gilelmi, abbatis, unum casal pro eo et
unum viridarium in Urdasen [8]. Alios pagenses ejusdem
ville et Goron-Sobira tenet Sanctus-Johannes ex his prin-
cipibus.

(¹) *Glère* est un mot générique qui désigne le bord d'une rivière.
(²) Saint-Jacques-de-Compostelle.
—(³) Guilhem I de Goron, abbé de Sorde, 1060. (Voy. les actes XXXVI,
XL, XCII et CXXXI.)
(⁴) Pour *vadimonium*.
(⁵) Doat Loup de Salies.
(⁶) Le Gave de Pau.
(⁷) L'étang de Saint-Cricq-du-Gave.
(⁸) Urdaix.

XL

Vers 1060

DE GARSIA ARNALDO [1] ET GUIDO, COMITE [2]

Auriol Garsies de Navarra fuit homo nobilis et cu-
rialis et habuit ex comite Berlengerio [3] predictas villas,
et tenuit eas multis temporibus vel annis, et postea dedit Gasi Arnalt, vicecomiti. Et Gasi Arnaldus vendidit
Sancto-Johanni et monachis ac dedit et pro illius datione
vel venditione, illo auctorizante, possedit ac tenuit in
illius vita Sanctus-Johannes, et post funus ejus multis
annis. Postea, filiis Belial adulantibus, Guido, comes, per-
motus et accensus avaricia, suadentibus auriculariis suis,
misit bannum in villis et in portu [4], quem ejusdem temporibus in vadimonium habebat Sanctus-Johannes, et sine
juditio vel absque censura impegit importune se, et possedit in vi et in robore suo. Hoc videns, abbas Vilel-
mus [5] iratus est valde, et hanc injuriam non potens
suffere, predavit villas, audiensque comes, repletus ira,
permissione sua fecit illum ire ad se minans illum vehe-
menter de receptione honoris vel abatie. Sed ille, non
timens minas illius, audacter perrexit ad eum et cum pro-
ceribus ad [6] magnatibus, fecit placitum cum illo, et iniit
fedus et conventiones et pactum, abbas dedit ad comitem
co solidos in nummis infra spatium octo dierum, et Guido,
dux Aquitanorum, dedit cum adfirmatione villas Deo et

Sancto-Johanni. Hoc peracto placito, confregit conventiones et fœdera et retinuit portum. Unde rogemus Dominum ut reddat nobis dominium illum.

(¹) Garsia Arnaud, vicomte de Dax vers 1050.
(²) Gui Geoffroy, appelé aussi Guillaume VI, duc et comte de Gascogne (1058-1086.)
(³) Bérenger, duc et comte de Gascogne (1032-1037).
(⁴) Le port de Glera, cité dans l'acte précédent.
(⁵) Guilhem I de Goron, abbé de Sorde, 1060. (Voy. les actes XXXIV, XXXIX, XCII et CXXXI.)
(⁶) Pour *ac*.

XLI

Entre 1072 et 1105

DE OT GUILHEM DE CAMER (1)

Ot Gilem de Acamer, pro absolutione anime sue et pro adquirenda requie, de (²) obitus sui, unum viridarium dimisit Deo et Sancto-Johanni in Acamar secus ecclesiam, et sancivit ut omnia peccora, boves, vacce, oves, eque et porci Sancti-Johannis liberam padientiam (³) haberent in suis silvis et lanis, et nullus superstes libet successor contradiceret. Postea Bras Garsies de Luxa (⁴) veniens in curia ad dompnum abbatem Geraldum (⁵) et ad alios fratres propter viridarium, dederunt ei cum tali convenientia, ut absque injuria libet contradictione ad obitum mortis redderet eum Sancto-Johanni.

(¹) Came, commune du canton de Bidache, arrondissement de Bayonne (Basses-Pyrénées).
(²) Pour *dic*.
(³) Droit de pacage.
(⁴) Ce personnage est mentionné dans les actes VIII, XLVII, LVII, LIX, LXXXIII, LXXXVI et CLXXX.
(⁵) Géraud, abbé de Sorde, mort en 1105. (Voy. les actes I, XIII, XIV, XVI, XVII, XXIII, XXIX, XXXV, XLII, XLVIII, LVI et LXXIII.)

XLII

Entre 1072 et 1105

Definitio placiti que facta est inter abbatem Geraldum [2] et Comte de Sancta-Susanna hec ;est. Viridarium quod Forto plantaverat, socer suus, redidit Beato-Johanni ad integrum et novum viridarium quod ipse Comte plantaverat, secundum terminum primi viridarii, stabilivit ut in eo faceret mansum usque vii annos, tamen viridario manente, si facere mansum interim nollet, de quo redderet censum sicut unum mansum ejusdem ville. Et firmavit hoc fidejussoribus Bergon Gilem de Sendos [3] et Fort Brasc de Oure [4]. Abbas quoque, assensu omnium fratrum, dedit sibi et Raimundo, filio suo, missecantaniam de Sancta-Susanna, dominio sibi retinente in vita utriusque. Similiter affirmantibus eis, per eosdem fidejussores quos supra scripsimus, ut post vitam utrorumque liberam et absolutam Sancto-Johanni redderent. Visores : Leo Brasc, Gilem Aquem de Serra, Pontius de Laurfonta [5], Gasie Arnaut de Leren [6] et Bergon Arnaut.

[1] Cet acte est répété au n° LXXIII. — Sainte-Suzanne, commune du canton et de l'arrondissement d'Orthez (Basses-Pyrénées). (Voy. les actes LXXIII, LXXXI, CXIII et CLXXXI.
— [2] Géraud, abbé de Sorde, mort en 1105. (Voy. les actes I, XIII, XIV, XVI, XVII, XXIII, XXIX, XXXV, XLI, XLVIII, LVI et LXXIII.)
[3] Saint-Dos.
[4] Œyre-Gave.
[5] Lahontan.
[6] Mentionné dans l'acte CLXVII.

XLIII

Vers 1110

Gilem Garsias de Polio inter alia dona que dedit Deo et Sancto-Johanni, hoc donum apposuit omni tempore dan-

dum ad obitum mortis, Verbi gratia, quando viridarium,
quod in Fita [1] plantavit ipse habuerit vicem, quisquis ex
ejus projenie tenuerit eum det viginti sextarios sicere Deo
et Sancto-Johanni. Et quando illud viridarium, quod in
Amiso [2] plantavit similiter, habuerit vicem, dentur v sex-
tarii, hec dona cumjurando successores suos ne retine-
rent suam helemosinam largius esse Deo. Dodo de Osenx [4],
similiter in vita sua, dedit et manu sua dando corroboravit,
pro redemptione animarum patris vel matris addita et sue
anime, xii panes, et pro successoribus suis, ut usque in
seculum seculi offerantur in festivitate Sancti-Johanis ab
eo qui ejus honorem tenuerit.

[1] Guilhem Gassie de Pouillon est cité dans l'acte XLV. — Pouillon
est un chef-lieu de canton de l'arrondissement de Dax (Landes).
[2] Le domaine de La Hitte près Pouillon.
[3] Misson. (Voy. les actes, XX, XXI, LV, LXXXI et CLXXXII.)
[4] Dodon d'Ozenx est mentionné aux actes LIV, LVI et LVII.
— Il vivait du temps des abbés Géraud et Ainer (1072-1110). —
Ozenx, commune du canton de Lagor, arrondissement d'Orthez
(Basses-Pyrénées), cette localité est voisine de Sainte-Suzanne que
possédait l'abbaye de Sorde. L'acte LVI rend l'attribution d'Ozenx
préférable à celle d'Ossenx, commune du canton de Sauveterre, arrondissement d'Orthez.

XLIV

DE R. FORT DE FAIET

Raimon Fort de Faiet, de illud Faiet qui est in Silvester [1], venit ad Sanctum-Johannem in festivitate ipsius,
pro multis querelis rogans eum, et exauditus est ab eo,
et rediens ad eum, reddidit gratias quod exauditus ab eo,
et dedit censum ex suo honore, scilicet vi panes omni
tempore dandos.

[1] Ces mots indiquent qu'il s'agit d'une localité située dans le
pays de Soubestre (Silvester). Faiet correspond à Haget-Aubin,
commune du canton d'Arthez, arrondissement d'Orthez (Basses-Pyrénées.)

XLV

Postérieur à 1110

DE OT GUILHEM DE POILEON, FILIO W. GASSIE DE POILEON [1]

Ot Gilem de Polio, filius Gilem Garsias, in ebdomada Pasche, currens post latrunculos qui furari venerant in illius terram, et ad eos adveniens, vulneratus est ab eis, unde mortuus est cum aliquantis sociis tam victis latrunculis et interfectis. Ad extrema quoque perductus, dedit medietatem Sancti-Martini ecclesio de Amizo [2] pro animabus parentum suorum et propter adquirenda gaudia paradisi et ut ex illa die terras scervarias que evenerint per medium dividant.

[1] Voy. l'acte XLIII.
[2] L'église Saint-Martin de Misson. (Voy. les actes CXXXII et CLXXXII.)

XLVI

Vers 1080

DE CYMAYNALT [1] DE FALGARS [2]

Em Arnal de Falgars, die obitus sui, dedit pagensem unum, pro anima sua, Sancto-Johanni in Ardenx, quem emerat a matre sua illum casal ubi stabat Forza de Goossa, reddentem censum sicut unus ex villanis ipsius ville.

[1] Erreur du copiste. Il faut *En Arnalt.*
[2] Arnaud de Heugas, cité dans l'acte XXV. — Il vivait au temps de l'abbé Brascon (1072 à 1100).

⌐ XLVII

Vers 1120

DE ARNALT GASSIE DE GARRIS [1]

Arnaldus Garsias de Garris plantavit viridarium unum in Salas [2], et, eo die, ordinavit ipsum viridarium Sancto-

Jobanni, ut, quod primus labor ipsius esset, fieret in hele-
mosina. Deinde cum acciperet mulierem, in desponsatione
uxoris sue retinuit ipsum viridarium et non misit cum
alia terra in donatione ejus. Iste quippe nobilissimus homo
magni meriti vitàm tenens cum laudabilis ab omnibus ha-
beretur fratribus hujus loci pro quadam fita inter se placitum habentibus et valde discordantibus jam de placito
fine facta et discordantes in concordiam revocatis cupiens,
in domum suam subitana morte dimmisa in flumine navi
mortuus est. Cumque sui a flumine eum traherent et honorifice sepelissent, pro anima ejus dederunt ipsum viridarium videlicet uxor ejus et filius ejus, Arago [3], et fratres
ejus, Bergon Garsias et Bernard Garsias et consobrini ejus,
Brasc Garsies de Luxa [4] et Lob Garsias [5], et alii parentes, sicut ipse prius ordinaverat, post ipsi quamquam in
dubium esset, absque ulla retractatione affirmaverunt ut
esset Sancti-Johannis in secula seculorum. Amen.

[1] Garris, commune du canton de Saint-Palais, arrondissement
de Mauléon (Basses-Pyrénées).

[2] Probablement Salles-Mongiscard, commune du canton de Salles,
arrondissement d'Orthez (Basses-Pyrénées).

[3] Aragon de Garris est mentionné dans l'acte LIX. Il vivait au
temps de Pierre Arnaud, vicomte de Dax (1102-1147). — En 1151,
lors de la fondation de l'hôpital d'Ordios, on trouve parmi les témoins de l'acte un « A. Aragon de Garris. » (Voy. *Gallia Christiana*, I.
Instr. p. 173, et la traduction en langue vulgaire, Arch. des Basses-Pyrénées, E. 289, fº 17.)

[4] Brasc Garsio de Luxe est souvent cité. (Voy. les actes VIII,
XLI, LVII, LIX, LXXXIII, LXXXVI et CLXXX.)

[5] Loup Garsio de Luxe figure aussi dans l'acte LVII.

XLVIII

Entre 1072 et 1105

DE FARRAN DE SOMSEC [1]

Ferran, homo bone memorie, de Somsec dedit in eadem
villa unum casal cum alodiis suis Sancto-Johanni, pro

anima sua et parentum suorum, quas terras cum casal abbas Geraldus [1] dedit Raimundo Forti de Gairosse [3], tali conventione ut plantaret et teneret in vita sua et unoquoque anno daret, pro illis terris, duos colocas [4] et post mortem suam absolute redderet Sancto-Johanni et ut ejus nomen scribetur in regula unius fratris.

[1] Somsec est le nom d'un domaine situé dans la commune de Sainte-Marie, canton de Saint-Vincent-de-Tyrosse, arrondissement de Dax (Landes). Non loin de Somsec se trouve un moulin appelé le moulin de Gayrosse.
— [2] Géraud, abbé de Sorde, mort en 1105. (Voy. les actes I, XIII, XIV, XVI, XVII, XXIII, XXIX, XXXV, XLI, XLII, LVI et LXXIII.)
[3] Raymond Fort de Gayrosse. — Il y a dans la région deux domaines appelés Gayrosse, l'un situé dans la commune d'Audéjos, canton d'Arthez, arrondissement d'Orthez (Basses-Pyrénées), l'autre dans la commune de Saint-Jean-de-Marsacq, canton de Saint-Vincent-de-Tyrosse, arrondissement de Dax (Landes). Nous pensons qu'il s'agit ici du dernier. — Des seigneurs de Gayrosse figurent dans les actes CXVI et CXXXVII.
[4] Malgré le genre du mot *duos*, nous croyons que la redevance se composait de deux poules (clouques).

XLIX

Entre 1105 et 1119

DE ECCLESIA SANCTI-JOHANNIS D'AURIBAIG [1]

Giliard, filia Girald Eiralt de Auriebat, vendidit suam partem de missecantania Sancti-Johannis de Paulit scilicet mediam Sancto-Johanni, quam emit abbas Ainerius [2], dans VII solidos, ut amplius non acciperet de pane nec de primiciis nec d'estrenis nec festivitatem Domini Natalis quam antea habebat, nec missaticum defunctorum, quando moriuntur homines, et firmaverunt ipsa et filii ejus Arnaldus et Giraldus, et filii alii per suas manus et per manus priorum fidejussorum, Gilem Ez de Sort [3] et Raimon de Saunag [4], in domo Sanz Fil de Sobola, presente Jheremia [5], obedientiario ejusdem ecclesie, et presente Arnaut

Gairi de Pressag [6] et bestieruut me Jeremiam, in loco abbatis, cum funes et missal mittentes in potestate.

[1]. Saint-Jean-d'Auribat ou Saint-Jean-de-Paulit. — Auribat est un pays de l'arrondissement de Dax (Landes).
— [2] Ainer, abbé de Sorde, entre 1105 et 1119. (Voy. les actes VIII, XXI, XXII, XXXVI, L, LI, LII, LIV, LVII à LXI, LXIII, LXVII, LXVIII, LXXVI, LXXVII, LXXX, LXXXVIII, XC, XCVI, CII, CXIV et CLXII.)
[3] Guilhem Ez de Sort. — Sort, commune du canton de Montfort, arrondissement de Dax (Landes).
[4] Raymond de Saugnac. — Saugnac est une commune du canton et de l'arrondissement de Dax (Landes).
[5] Jérémie, moine de Sorde, déjà mentionné dans l'acte XXXI.
[6] Arnaud Garin de Préchacq. — Préchacq, commune du canton de Montfort, arrondissement de Dax (Landes).

L

Entre 1105 et 1119

DE UNO CASALI DE BORTES [1]

Fort Brasc de Bortas et de Garon [2], pro redemptione anime sue et parentum suorum, dedit casalem prope Sanctum-Vincentium de Bortas Deo et Sancto-Johanni, in presenti dompni abbatis Ainerii [3] et aliorum fratrum in capitulo, ut ubi fieret mansum. Visores et testes Brasc Gilem de Garou et Gilem Brasc, frater ipsius Fort Brasc. Ipse quoque emerat eum de Fort Dat et dederat x solidos et apprehenderat fidejussores Sanz Garsias de Bortas et Gilem Brasc de Garon.

[1] Voy. l'acte IX.
[2] Pour Goron.
— [3] Ainer, abbé de Sorde, entre 1105 et 1119 (Voy. les actes VIII, XXI, XXII, XXXVI, XLIX, LI, LII, LIV, LVII à LXI, LXIII, LXVII, LXVIII, LXXVI, LXXVII, LXXX, LXXXVIII, XC, XCVI, CII, CXIV et CLXII.)

LI

Entre 1105 et 1119

DE DONO R. GARSIE DE BONUT [1]

Quidam miles nobili genere Raimundus Garsias de Bonut, metu perpetue gehenne et amore vite eterue, venit ad conventionem una cum filia sua, Endregot, et dedit honorem suum Deo et Sancto-Johanni, pro redemptione animarum patris ac matris vel parentum suorum et pro sue anime, mansum ubi manebat integrum et viridarium ante portam obtimam ad Castanehed [1] et omnes terras ad ipsum casal pertinentes. Mansum quoque ipsud talis est qui nunquam dedit habitator fidejussorem ulli hominum nec ad vicecomitem [3]. Et si quis furtive inciderit in Castanet et deprehensus fuerit eum solidos restituerit. Heredes quoque de Sancta-Maria de Casted [4] Fort Gillem et Doat Gilem et Gilem Brasc, venientes in contencione per decimam cujusdam vinee vicecomitis cum abbate Ainerio [5] firmaverunt decimam ipsius vinee, abbas et ipsi firmaverunt per antecessores, fidejussores per manus Bonifacii de Salinas [6] et per manus Galin de Pou [7], eo quod patres eorum fuerant fidejussores Ot Gilem de Salines [8] et Arnat Arramon de Poui [9], ut de predicto manso unde accipuerit decimam, corpora mortuorum non habeant nec ea que pro illis dantur. De aliis quoque tribus mansis unde habent decimam, si quisquam mortuus fuerit, primum quinque solidis datis Sancto-Martino [10], si postea voluerit propria voluntate ordinare se ad Sanctam-Mariam [11] vel dare aliquid absque vi sit in sua protestate. Et hoc totum factum est in presentia dompni abbatis Ainerii, ipso conquirente. Et pro solutione debitorum que debebat ipse Raimundus Garsia, jam monachus, dedit abbas duos boves et vii solidos. Hoc quoque notum sit quod filius ejus, Arnaut [12], qui cum aliis perrexit ad Sanctum Sepulcrum, si jam venerit et cunquestus de hac honore fuerit, verascissime ipse firmaverit cum manu sua et permissione sua, dimisit in digito patris sui pro munera que dedit illi ad iter suum et quod vendidit aliam terram pro ea que ipso ortavit.

(1) Bonnut.
(2) Castaguède, quartier de Bonnut.
(4) Le vicomte de Dax.

(*) Il s'agit ici de l'église Sainte-Marie de Bonnut, édifice du XIᵉ siècle dont les murs sont encore debout. Le nom de *Casted* qui y est ajouté se rapporte à une motte féodale appelée aujourd'hui le *Terruc de Montargou*. Cette motte est dans le quartier de Sainte-Marie.
— (²) Ainer, abbé de Sorde, entre 1105 et 1119. (Voy. les actes VIII, XXI, XXII, XXXVI, XLIX à LII, LIV, LVII à LXI, LXIII, LXVII, LXVIII, LXXVI, LXXVII, LXXX. LXXXVIII, XC, XCVI, CII, CXIV et CLXII.)
(⁶) Boniface de Saliez mentionné dans l'acte LXI.
(⁷) Peut-être Puyôo.
(⁸) Ot Guilhem était viguier de Salies. (Voy. Marca, *Histoire de Béarn*, p. 208.)
(⁹) Peut-être Puyôo.
(¹⁰) Saint-Martin de Bonnut. (Voy. l'acte I.)
(¹¹) Sainte-Marie de Bonnut.
(¹²) Arnaud de Bonnut, se rendit en Terre Sainte, mais ne prit pas part aux croisades. La date de cet acte se place entre la première et la seconde de ces expéditions.

LII

Entre 1105 et 1119

DE DONO GARSIA R. DE BONUT (*)

Gasia Ramon de Bonut, presbiter, habuit placitum cum abbate Ainerio (*) et, culpis exigentibus, pro redemptione anime sue, dedit terram, prope mansum Garsi Aner de Til (²), et vineam Deo et Sancto-Johanni, tali tenore ut in capitulum in societate recipiatur, et si aliquid in obitu nequiverit dare pro hac datione in cimiterio nostro sepeliatur, et hoc fecit in presentia dompni abbatis Ainerii.

(*) Probablement de la même famille que Ramon Garsie de Bonnut, peut-être fils. (Acte LI.)
— (²) Ainer, abbé de Sorde, 1105-1119. (Voy. les actes VIII, XXI, XXII, XXXVI, XLIX à LI, LIV, LVII à LXI. LXIII, LXVII, LXVIII. LXXVI, LXXVII, LXXX, LXXXVIII, XC, XCVI, CII, CXIV et CLXII.)
(³) Un membre de cette famille bâtit l'église de Saint-Martin de Bonnut. (Voy. ci-dessus acte I.)

LIII

Entre 1105 et 1119

DE DONO R. BERNARDI DE CASTAN

Raimundus de Bernardi de Castan, pro deliberatione anime sue et pro redemptione animarum parentum suo-

rum, veniens ad Sanctum-Johannem, in capitulum coram
fratribus, dedit hoc donum et donando fecit vesticionem
super altare, et, ut posteris memoria traderetur, fecit
scribere. Dedit itaque pagensem quem emerat de Geraldo,
fratre suo, servicium quod debebat et duas partes decime
cum fidejussores Garsia Fort de Sen-Geronz [1] et Ot
Gilem de San-Gironz. Istos fidejussores dedit Giralt ad
me Ramon Bernard ut nec mihi nec cui dedero ipse
nec sui aliquid dicerent et si fecerint L solidos et L solidos per singulos fidejussores et postea tenerent. Pagensem dico Garsie Sanz de Sen-Geronz quem ego Raimundus
Bernardus do Domino Deo et Sancto-Johanni post obitum
meum cum genere suo, Benedicto, et quicquid illi in pa-
dientia [2] ejusdem ville excoluerint vel emerint, quia ita
emi et ita fuit firmatum cum supradictis fidejussoribus.
Servicium ejusdem hominis est istud : duodecim panes et
duas concas vini et duas concas civide et porcum valentem XII nummos, si habuerit in domo sua vel in aliena,
et si non habuerit porcum, carnem de octo denarios,
gener ejus fidejussores, et in domo sua manducare, et ut
hec omnia mihi firma essent et ego in pace essem cum
fratre meo, postea pater meus et ipse Geraldus et filii ejus
et filie dederunt fidejussores Arnalt Doat de Sombois [3]
et Gasi Arnaut de Prugol ut si restractum facerent,
centum solidos darent per unum fidantiam et centum per
aliam melioris monete extra aurum, et postea tenerent
eadem [4] conventionem. Viridarium etiam quod juxta ipsum
Garsia Santz est secus viam, quod ego plantavi, do similiter Deo et Sancto-Johanni. Visores et testes : Garsia
Fort de San-Geronz et Em Arnalt de Mor et omnes vicini ejus.

[1] Saint-Girons, commune du canton et de l'arrondissement d'Orthez (Basses-Pyrénées).
[2] Pacages, landes.
[3] Saint Boès, commune du canton et de l'arrondissement d'Orthez (Basses-Pyrénées)
[4] Pour *eamdem*.

LIV

Entre 1105 et 1119

DE PLACITO QUOD HABUERUNT R. B. ET FILIUS EJUS,

A. DE CASTAN [1]

Definitionem quoque scribemus de placito quod habue-
runt Raimundus Bernardus et filii ejus, Bernardus de
Castan, pro pagense supradicto Garsia Sanz [2] et pro
viridario sive pro ecclesia, ante vicecomitem Gastonem [3]. —
Bernardus traxit querimoniam non supradicto honore et,
laudantibus probabilibus personis, facta est finis in presentia abbatis Ainerii [4] et Oliverii [5] qui, erant in loco vicecomitis. Dedit Raimundus Bernardus ecclesiam et vineas
filio suo et ipse firmavit memoratum pagensem et gene-
rum ejus et decimam eorum in pane et vino, in lana, in
lino, in bestiis et gallinis et panem quem offeruerint in
ecclesia et candelas et missaticum pro mortuis, et viridia-
rium quod est in Lana patri suo et Sancto-Johanni. Ipse
Bernardus et uxor ejus, ut nec ipsi nec illorum gena-
tio [6] querat nec retrahat finem et miserunt fidanzas Bernardum de Sombus [7] et Bernardum de Bals [8] de illud casal
qui vocatur Portas [9], et miserunt ponera [10] centum solidos si finem retraherent, ut darent ad illum qui Mon-
guiscart [11] tenuerit, et insuper teneant finem. Visores et
testes : Bernard de Orsages [12] et Arnalt Arramon de
Sombos et Dodo de Osenx [13].

[1] Voy. l'acte précédent. — Arnaud de Castan, ainsi nommé dans
la rubrique, est appelé *Bernard* dans l'acte.

[2] Garsie Sanche de Saint-Girons et l'église de Saint-Girons.

[3] Gaston IV, vicomte de Béarn (1088-1130). (Voy. les actes VI,
VIII, LVII, LXXXVIII, XCIX, CXLVI, CXLVIII et CLII.

[4] Ainer, abbé de Sorde, (1105-1110) (Voy. VIII, XXI, XXII, XXXVI,
XLIX à LII, LVII, à LXI, LXIII, LXVII. LXVIII, LXXVI, LXXVII,
LXXX, LXXXVIII, XC, XCVI, CII, CXIV et CLXII.)

[5] Olivier, seigneur de Mongiscard. — Voy. Marca, *Histoire de
Béarn*, p. 401.

:' Pour *generatio*.

' : :int-Boès.

:'' Baigts, commune du canton et de l'arrondissement d'Orthez (Basses-Pyrénées).

:' Portes, ancien fief situé dans la commune de Baigts.

(") Pour *pœnam*.

:''' Mongiscard, dont la motte existe encore, est situé en face de Baigts, sur la rive gauche du Gave de Pau ; ce lieu dépend des communes de Bérenx et de Salles-Mongiscard, canton de Salies, arrondissement d'Orthez (Basses-Pyrénées). — Voy. Marca, *Histoire de Béarn*, p. 401.

:'' Ossages, commune du canton de Pouillon, arrondissement de Dax (Landes; — Bernard d'Ossages figure dans l'acte LXI.

:'' Mentionné dans les actes XLIII, LVI et LVII.

LV

Entre 1060 et 1072

DE VILLA DE MISSON :'

Mutuationem quoque villarum quam fecerunt inter se abbas et episcopus Gregorius :'' et Dato Aner de Sieriz (:'', scribere procuravimus. Ipse Dato Aner habebat in Amizo (:'' honorem Liars in infe.....

' Voy. les actes XX, XXI, XLIII, LV, LXXXI et CLXXXII.
— :'' Grégoire, abbé de Sorde et de Saint-Sever, évêque de Dax et de Lescar (1039-1072;. Voy. les actes XXVi, XXXVIII et LVI.

(:'' Seyresse, commune du canton et de l'arrondissement de Dax (Landes).

:'' Misson.

'Le seizième feuillet manque.'

LVI

Entre 1072 et 1105

. . . .

Geraldus :', abbas, cum Dodone de Oseux :' de mulinos et de terra de Baura :' scribere judicavimus. Gilem Arnaut

de Til [1], qui tenebat villam dicitur Ferrera [2] fecit mulinos, consensu et permissione dompni Gregorii, episcopi [6],
tali conventione, ut, post obitum suum, Sancto-Johanni
dimitent solute, quod et fecit, et tenuit eos Sanctus-Johaunes multis diebus, donec Dodo de Osenx misit in querimoniam ipsam villam ad Bernard, filium Gilem Arnaut,
et per campianum bellum eam adquisivit. Iterum abbas
Geraldus habebat querimoniam de supradicta terra Baure,
quam tenebat Dodo, et fecerunt finem, et dedit Dodo
terram in Baure, de via que dicitur Sarracina [7], usque
ad viam Salinariam [8] et usque ad aquam que dicitur
Lar [9]; Verbi gratia, ut si homines de Jenever [10] excolere
voluerint sub illo termino faciant, et abbas Geraldus dedit
eis medietatem de mulinos in vita sua, et firmavit ipse
Dodo per fidejussores ipsam terram, jure perpetuo, Sancto-
Johanni et mulinos post obitum suum. Fidejussores sunt :
Bernard Gilem de Marmont [11] et Arnaut Gilem de Luzet
et de Belunt [12], et firmavit ut, post mortem suam, redderet eos Sancto-Johanni et ita ut nullus superstes ejus
eos in querimoniam mitat.

— [1] Géraud, abbé de Sorde, mort en 1105. (Voy. les actes I, XIII,
XIV, XVI, XVII, XXIII, XXIX, XXXV, XLI, XLII, XLVIII et LXXIII.)
[2] Cité déjà aux actes XLIII, LIV et LVII.
[3] Baure, quartier de la commune de Sainte-Suzanne, canton et
arrondissement d'Orthez (Basses-Pyrénées.)
[4] Des membres de la même famille sont cités aux actes I et LII.
[5] Herrère, quartier de la commune de Sainte Suzanne.
— [6] Grégoire, abbé de Sorde et de Saint-Sever, évêque de Dax et
de Lescar (1060-1072). Voy. les actes XXVI, XXXVIII et LV.
[7] La voie Sarrasine correspond au vieux chemin d'Orthez à
Sauveterre qui passait par Sainte-Suzanne et Lanneplàa. Cette route
s'est appelée aussi chemin Romiu, du nom des pèlerins qui se ren-
daient à Saint-Jacques-de-Compostelle.
[8] Le chemin de Salies.
[9] Le Làa, ruisseau qui se jette dans le Gave de Pau à Baure
(Sainte-Suzanne)
[10] Nous croyons qu'il y a ici une erreur de copiste, et qu'au lieu
de Jenever, il faut lire Ferrera, petit hameau déjà cité dans ce même acte.
[11] Quartier de Départ dans la commune d'Orthez.
[12] Les Beloins, quartier de la commune de Sainte-Suzanne.

⊹ LVII

Entre 1105 et 1119

DE BIRON ET DE BRASSELAY [1]

Alium quoque placitum volumus scribere fecimus quem cum Bergon Garsias [2]. Bernardus [3], monachus, frater Bergon Garsias, dedit villam Biro et Bracelai, quam dederat ei pater suus, Garsia Bergon [4], Deo et Sancto-Johanni, in presentia dompni vicecomitis Gastoni [5] et in presentia fratrum tuorum, Bergon Garsies et Bernard Garsies et Arremon et Brasc Garsies de Luxa [6], in manu dompni abbatis Ainerii [7], coram in capitulo fratribus, et sigillavit Bergon Garsies utrosque abbatem scilicet et Bernardum, ut nec ipse acceperit nec ipse daret, dicens quod pater suus miserit ordinen [8] ut post mortem ipsius Bernardi esset villa ipsa illius qui Agramont [9] tenuerit. Et firmatum est duellum bellum de hac re in manu vicecomitis, venientes quoque ad placitum, fecerunt finem ad laudationem proborum virorum. Ut quia Bergon Garsias non habebat nec habere poterat qui hanc assertionem affirmarent, condonaret querimoniam Sancto-Johanni ipse Bergon Garsias, et firmaret per fidejussores, ut, nec ipse nec ullus ex geneologia ejus amplius quereret, et firmavit per supradictos fidejussores, ut ipse in vita sua et post eum ipse qui Agramont tenuerit, sit auctor de ipso honore Deo et Sancto-Johanni. Fidejussores sunt quos dedit Bergon Garsias ad abbatem, Bergon Lub de Monen [10] et Dodo de Ossenx [11]; abbas quoque Ainerius dedit illi, ut firma esset finis et in perpetuum salva, ducentos solidos Pictavensis monete. Hanc conventionem et hoc pactum fecerunt, coram vicecomitem Gastone et coram multis aliis quorum ista sunt nomina, de Amixa [12] : Brasc Garsias de Luxa et Lob Garsies, frater ejus [13], Arnaut Arramon de Bigaoos et Bernard Arramon [14], Sanz Lub de Erm [15] et Gilemingo de

Bidegana [16], vicecomes de Salt, Gilem Arramon [17], Arnal Garsies de Gavaston [18]. Et super hoc fecit donum super altare

[1] Biron, commune du canton de Lagor, arrondissement d'Orthez (Basses-Pyrénées). — (Voy. les actes LXV et XIX.) — Brassaloy, quartier de la commune de Biron. (Voy. l'acte LXIX)

[2] Il s'agit ici de Bergon Garsie de Gramont déjà mentionné dans l'acte VIII.

[3] Bernard de Gramont, moine de Sorde, figure dans les actes LXV, LXIX, LXX, CXII et CXIII.

[4] Garsie Bergon de Gramont cité dans les actes LXV et LXIX.

[5] Gaston IV, vicomte de Béarn (1033-1130).

[6] Brasc Garsie de Luxe est mentionné dans les actes VIII, XLI, XLVII, LXIX, LXXXIII, LXXXVI et CLXX

[7] Ainer, abbé de Sorde, de 1105 à 1119. (Voy. les actes VIII, XXI, XXII, XXXVI, XLIX à LII, LIV, LVIII à LXI, LXIII, LXVII, LXVIII, LXXVI, LXXVII, LXXX, LXXXVIII, XC, XCVI, CII, CXIV et CLXII.)

[8] Pour ordinem.

[9] Le château de Gramont à Bidache, arrondissement de Bayonne (Basses-Pyrénées).

[10] Un membre de la même famille est cité dans l'acte VIII.

[11] Dodon d'Ozenx est mentionné aux actes XLIII, LIV et LVI.

[12] Du pays de Mixe.

[13] Loup Garsie de Luxe est mentionné dans l'acte XLVII.

[14] L'indication de Mixe indique qu'Arnaud Raymond et Bernard Raymond étaient les seigneurs de Béguios. (Voy. les actes LXXIX et LXXXIII.)

[15] Sanche Loup de Herm. — Herm, commune du canton et de l'arrondissement de Dax (Landes).

[16] Bidegana, forme latine de Bidegain, nom basque très répandu. On trouve des domaines de ce nom dans le pays de Mixe : à Masparraute, à Luxe, à Labets-Biscay, à Amendeuix.

[17] Guilhem Raymond, vicomte de Sault-de-Navailles. — Sault-de-Navailles est une commune du canton et de l'arrondissement d'Orthez (Basses-Pyrénées). Les ruines du château vicomtal existent encore. — Voy. l'acte CVI.

[18] Arnaud Garsie de Gabaston. — Gabaston est une commune du canton de Morlàas, arrondissement de Pau (Basses-Pyrénées.) — Marca, *Histoire de Béarn*, p. 382, mentionne un Arnaud de Gabaston, fils de Garsie-Arnaud, vivant 1040.

LVIII

Entre 1105 et 1118

DE BESLA-CAMPIA [1]

Gilem Arramon, miles, dominus de Besla-Campia, habe-

bat dominium ejusdem ville, ubi erant xxiii villani, et
tenebat eos, jure hereditario ab antecessoribus suis, et,
veniens ad obitum, ordinavit illum honorem filiis suis
videlicet ad Garsia Gilem et Fort Gilem et Arremon Gilem et Bernad Gilem, qui omnes erant parvuli et habebat
consobrinum Dat Arnalt de Amixa [2] et commendavit illi
filios suos et fecit illum bajulum in fidelitate Dei ut nutriret eos et teneret honorem et custodiret ad opus illorum, usque ipsi essent in etate perfecta, et deincebs
redderet illis illam villam, absque ulla dilatione et sine
ulla contradictione. Defuncto illo, invasit villam, non ut
bajulus, sed sicut rapax, et pueros non sicut nepotes sed
sicut servos nutrivit. Tamen ipse Gilem Arramon dedit
pro anima sua unum pagensem in illa villa casal qui vocatur Marcada cum censu xii concas vini et xii concas
milii et scopas lini et x panes et xii nummos. Cumque
crevissent filii requisierunt honorem suum ad Dat Arnaut,
sed ille minime reddidit, qui per longa tempora decertave-
runt cum illo et cum conjuge sua et cum filio suo, donec ipse
vitam finivit, et filius suus, interim illis querimoniam fa.
cientibus et sigillis, mortui sunt omnes et remansit solus
Bernard Gilem. Et in eadem querimonia persistens, venit
uxor Dat Arnalt, Gualarde nomine, et sui ad placitum
cum illo et subripiendo quia non habebat defenson, jam
etiam mortuus erat vicecomes Aquensis, nomine Navar [3],
qui potestative illum defendebat, pro comendatione comitis Gilelmi [4], qui eum cum banno suo in potestate mise-
rat reddidere ei duos casales, tercium vero Dat Arnaut
reddiderat cum fidejussoribus Lub Aner de Baldrec pignora monstrante in Urdasen Corro, et Arramon Dat
de Amixa [5]. Dat Arnaut dedit ad Arnaut Sanz de Beiria [5] et Arremon Dat, filium suum, ut nec illi nec successores eorum contradicerent illi nec cui voluerit dare
querimoniam tamen cum Bernardo manente. Et Bernardus, pro anima sua et patrum suorum cum semetipso et
cum conjuge sua, nomine Acera, dedit omnia Sancto-Jo-

hanni, scilicet illos tres casals et viridarios et terras
sicut ipse habebat; insuper et hoc dedit, inquisitionem
videlicet ejusdem ville, si rectum habere potuerit abbas
ejusdem loci. Et donum hoc factum est in presentia abbatis
Ainerii [7] et aliorum monachorum, videntibus providentibus
viris : Bergon Garsias [8] et Brasc Garsies [9] et Lub Garsies
et aliis multis. I Et hoc signum feci ego ipse Bernardus.

Ipso quoque mortuo, et digne custodito et sepulto
a nobis, domina Galarda, nomine Sauza, invadendo arripuit
duos ipsos casals et tercium misit in querimoniam. Sed
postea veniens ad finem, condonavit ipsum mansum ubi
ipse Bernardus manebat, cum vesticione missalis super
altare, cum nepote suo Espanol, cum omnibus alodiis et
viridariis et nucis, ut nec ipse nec successores eorum ulterius perquirant, et hoc factum est in presentia abbatis
Ainerii et in presentia vicecomitis Gilem Fort de Scula [10].

[1] Voy. les actes XIV, XXXI et LXXXI.
[2] De Mixe.
[3] Navar, vicomte de Dax (1080-1102).
[4] Guillaume VII, duc d'Aquitaine et comte de Gascogne (1086-1127).
— Voy. les actes VI et LXXXI.
[5] Raymond Dat de Mixe.
[6] Arnaud Sancho et Raymond Dat de Beyrie, près Saint-Palais.
— [7] Ainer, abbé de Sorde, 1105-1119. (Voy. les actes VIII, XXI, XXII,
XXXVI, XLIX à LII. LIV, LVII, LIX à LXI, LXIII, LXVII, LXVIII,
LXXVI, LXXVII, LXXX, LXXXVIII, XC, XCVI, CII, CXIV et CLXII.)
[8] Bergon Garsie de Gramont cité dans les actes VIII et LVII.
[9] Brasc Garsie de Luxe, mentionné dans les actes VIII, XLI,
XLVII, LVII, LIX, LXXXIII, LXXXVI et CLXXX; Loup Garsie, son
frère. (Voy. les actes XLVII et LVII.)
[10] Guilhem Fort, vicomte de Soule (1080-1118).

✝ LIX

Entre 1105 et 1119

DE PEYROS [1]

Arago de Garris [2] emit a vicecomite Petro Arnalt [3]
Peiros villam quantum ad eum pertinebat. Arago habebat

unum equum valde obtimum, quem volens ipse vicecomes placitum fecit per quingentos solidos, et non habens nummos dedit in alodio, pro amore suo et pro equuo, hoc quod habebat in Peiros totum dominium, cum testibus et visoribus : Brasc Garsies [1] et aliis de Amixa [2] senioribus. Et quia pater suus dederat cum sorore sua ad Arsio de Navales [6], dedit iste in Bilient [7] et in Argelos [8] cami ad equalitatem istius terre et accepit Arago istam terram in possessionem jure perpetuo. Postea misit eam in pignus Sancto-Johanni et abbate Ainerio [9] per duos equuos valentes cc solidos ; antequam solveret, veniens ad mortem, dedit, pro anima sua et pro anima ipsius vicecomitis, qui rem non dederat Sancto-Johanni, et gladio occubuit, pro animabus utrorumque, Deo et Sancto-Johanni, et sepultus est in claustrum. Fidejussores sunt de hac re, quando in pignus misit, Arnalt de Leiren [10] et Giralt de Cassier [11].

[1]. Voy. les actes X, LXXXI et CLXI.

[2]. Déjà mentionné dans l'acte XLVII.

[3]. Pierre ou Pierre Arnaud, vicomte de Dax, entre 1102 et 1147.

[4]. Brasc Garsie de Luxe. (Voy. les actes VIII, XLI, XLVII, LVII, LVIII, LXXXIII, LXXXVI et CLXXX.)

[5]. Du pays de Mixe.

[6]. Arsius de Navailles est cité comme l'un des barons de Béarn dans des actes tirés des cartulaires de Lescar et de Saint-Pé. (Marca, *Histoire de Béarn*, p. 384 et 432.) — Navailles, commune du canton de Thèze, arrondissement de Pau (Basses-Pyrénées).

[7]. Il faut peut-être lire *Bilent* qui correspond à Viven, commune du canton de Thèze, arrondissement de Pau (Basses-Pyrénées).

[8]. Argelos, commune du canton de Thèze, arrondissement de Pau. — [9]. Ainer, abbé de Sorde, 1105-1110. (Voy. les actes VIII, XXI, XXII, XXXVI, XLIX à LII, LIV, LVII, LVIII, LX, LXI LXIII, LVII, LXVIII, LXXVI, LXXVII, LXXX, LXXXVIII, XC, XCVI, CII, CXIV et CLXII).

[10]. Arnaud de Léren mentionné dans les actes VIII, LXXVI, LXXXVII et XC. — Léren est une commune du canton de Salies, arrondissement d'Orthez (Basses-Pyrénées).

[11]. Géraud de Cassier ou de Cassaber. (Voy. les actes LXXXVI et CXLVI.)

LX

Entre 1105 et 1119

' DE TERRA DE ARGELES '

Donna Maria de Goron habuit placitum et Ramon Gilem ' cum abbate Ainerio ', de terra de Argeles, quam supra scripsimus, et juravit quod ipsam tenere debebat in vita sua, et firmavit per manus Brasc Peireca, ut post mortem suam solute et integre reddat Sancto-Johanni. Similiter affirmantibus Ramon Gilem et Raimundo, nepote suo.

.' Voy. l'acte XXXIX.
.'' Raymond Guilhem de Goron.
— .'' Ainer, abbé de Sorde, 1105 à 1119. — Voy. les actes VIII, XXI. XXII, XXXVI, XLIX à LII, LIV, LVII à LIX, LXI, LXIII, LXVII, LXVIII, LXXVI, LXXVII, LXXX, LXXXVIII, XC, XCVI, CII, CXIV et CLXII.)

LXI

Entre 1105 et 1119

DE VILLANIS DE SALINIS ''

Mutuatio quam fecit Bonifacius ('') cum abbate Ainerio '') et ceteris fratribus hec est. Abbas cum aliis dedit ad Bonifacium casal monial, ubi stetit Sansol de Beipoi et ad Bernard de Poies, ipsis et generatione illorum ad ordinandum. Sunt fidejussores de hac re : Arroger de Salines '') et Garsias de Faxens '' ex parte Sancti-Johannis. Donum autem Bonifacii hoc fuit : In primis reddidit unum viridarium, quod emerat ipse per quinque modios vini et decem cicere, et illud viridarium dederat in pignus baro de Orsagges '' Sancto-Johanni, pro anima sua, pro decem solidos. At ubi Bernard de Orsagges voluit redimere, post multo tempore non potuerit habere de Bonifacio, donec

dederit ei unum pagensem Garsia Molier. Et dedit Bonifacius casal monial Sancto-Johanni, pro ipso pagense, et
Gilem de Casterar [3] qui exierat de manso Sancti-Johannis in terram Bonifacii in Fita [8], et ille firmavit illud censum de illa terra ubi exierat, quam dedit Bonifacius Sancto-
Johanni, quale dat mansum unde exivit, et fidejussores
abbati ut mansum faceret ibi et maneret ibi et redderet censum, sicut frater ejus, qui remansit in domum fratris. Et
Bonifacius misit fidejussores Bernardo de Poies et Arramon
et Arramon [9] de Casterar, de se et de sua generatione,
et de comite et de vicecomite [10], ut auctor sit in perpetuum.

[1] Salies.

[2] Boniface de Salies est mentionné dans l'acte LI.

[3] Ainer, abbé de Sorde, 1105 à 1119. (Voy. les actes VIII, XXI,
XXII, XXXVI, XLIX à LII, LIV, LVII à LX, LXIII, LXVII, LXVIII,
LXXVI, LXXVII, LXXX, LXXXVIII, XC, XCVI, CII, CXIV et CLXII.)

[4] Roger de Salies figure dans l'acte LXXX.

[5] Voy. l'acte III. — Hachenx est situé dans la commune de
Bellocq.

[6] Le seigneur d'Ossages. — Bernard d'Ossages a été mentionné
dans l'acte LIV.

[7] Ce nom paraît s'appliquer au lieu dit Castéra, situé à Bellocq.

[8] Probablement La Hitte, domaine situé dans la commune de Salies.

[9] Cette répétition est dans le texte.

[10] Le comte de Gascogne et le vicomte de Dax.

LXII

DE VILLANIS DE SANCTO-CIRICO [1]

Duo villano de Sancto-Cirico scilicet Garsia de Vinal
et Doat Bergon, venientes ad abbatem et ad alios fratres
mancipaverunt se Sancto-Johanni, ut defenderet eos abbas ab omnibus inimicis, jure perpetuo, ut ipsi et successores eorum dent ejusdem censum quod alii franki dant
cum fidejussores. Abbas quidem dedit illis singulos boves.

[1] Saint-Cricq-du-Gave (Voy. les actes XVI, XXIII, LXXXI, CXLIV
et CXLVI.)

LXIII

Entre 1105 et 1119

DE CIMITERIO ET MISSECANTANIA ET CLAVE DE BENESSA [1]

Gilem Ez de Sort [2] et Bernard de Sen-Jorz [3], gener ejus, et Fedac, filius suus, mittebant in querimonia pomarios de cimiterio Sancti-Michaelis de Benessa et missecantaniam et retentionem clavis ecclesie et pro hac querimonja dedit abbas Ainerius [4] equum precii centum solidorum, finem faciendo ad Fedac, et accepit in capitulum, ubi erat Arnaut Voca [5] et multi alii societatem nostram. et dedit fidejussores Arnalt Vocam et Ez Arnalt de Bersabat [6], ut nec ipse, nec ullus superstes ejus hec mitat in querimoniam, et, ad corroborandam finem, misit manu sua missal super altare Sancti-Johannis, ut imperpetuum teneatur finis. Fiat. Fiat.

[1] Benesse-Maremne, commune du canton de Saint-Vincent-de-Tyrosse, arrondissement de Dax (Landes), citée dans l'acte suivant.

[2] Guilhem Ez de Sort, déjà mentionné dans l'acte XLIX.

[3] Saint-Geours-de-Maremne, commune du canton de Soustons, arrondissement de Dax (Landes).

[4] Ainer, abbé de Sorde, 1105 à 1119. (Voy. les actes VII, XXI, XXII, XXXVI, XLIX à LII, LIV, LVII à LXI, LXVIII, LXXVI, LXXVII, LXXX, LXXXVIII, XC, XCVI, CII, CXIV et CLXII.)

[5] Nous proposons Arnaud de Boucau. — Le Boucau est une localité peu éloignée de Benesse, Saint-Geours et Bessabat.

[6] Bessabat, château ruiné, indiqué sur la carte de Cassini près de Saubrignes, canton de Saint-Vincent-de-Tyrosse, arrondissement de Dax (Landes).

LXIV

Entre 1150 et 1167

DE ARNALDO DE SENT-JORTZ [1]

Arnaudus de Sen-Jorz retinebat violenter et injuste decimam propriam sue domus, quam habebat in Benessa [2].

Quare excomunicamus et coactus reddidit decimam Arnaudo Bonion [1], abbati, et Amato de Mor [4] in presentia Arnaldi Gilelmi, Aquensis episcopi [5], et omnium canonicorum Aquensis ecclesie, mitendo missale super altare Beate Marie, et abbas dedit sibi viginti solidos Morlanensis monete per manum Amati de Mor, insuper concesserit sibi et consanguineo suo, Bernardo [6], victum et vestitum.

[1] Arnaud de Saint-Geours, cousin de Bernard et Fédac cités dans l'acte précédent.
[2] Voy. l'acte LXIII.
— [3] Arnaud Bonion, abbé de Sorde. 1150-1167. (Voy les actes IV, CVI. CVIII, CXI à CXIII, CXVII, CXVIII, CXXI, CXXVIII, CXLII, CXLIII, CXLVIII, CLXV et CLXVII.)
— [4] Amat de Mor, moine de Sorde, cité dans les actes IV, LXIV, CXII, CXIII. CXVII à CXIX, CXXI, CXXVIII à CXXX, CLXVI, CLXXVIII à CLXXX et CLXXXII.
[5] Arnaud Guilhem de Sort, évêque de Dax (1143-1157. Voy. les actes IV, CVI. CXII et CXLII.
[6] Bernard de Saint-Geours. Voy. l'acte LXIII.

— LXV

Vers 1110

DE TERRA DE BITRON [1]

Garsie Bergon [2] dedit sua terra de Bitro ad Bernardum [3] monacum suum filium. Et Bernardus dedit a Sancto-Johanne de Sordua, et postea venit abbas et requisivit Sanz Fort et Fort Garsias quam dedissent redemptionem pro filios et filias, et fecit pleitum Sanz Fort et Fortz Garsias de lors filios et de lors fratres e de lor tota natura a fine seculorum, per LX solidos Morlanenses. Et firmavit dompnus abba, in capitulum, in presentia congregationis. Et dedit fidiatores dompnus abba Ane Cendul [4] et Bras Lub. Et sunt visores Achelmus de Marzlag [5] et Fort Lub de Goze [6] et alii multi homines. Valete.

[1] Voy. ci-dessus l'acte LVII. — Biron.

 Garsie Bergon de Gramont. — Voy. les actes LVII et LXIX.
— Il vivait au temps de l'abbé Ainer (1105 à 1119).

 Bernard de Gramont, moine de Sorde, mentionné dans les actes LVII, LXIX, LXX, CXII et CXIII.

 Aner Centulle est cité dans les actes LXXI et LXXII.

 Ayquem de Maslacq. — Maslacq est une commune du canton de Lagor, arrondissement d'Orthez (Basses-Pyrénées).

 Gouze, commune du canton de Lagor.

LXVI

Entre 1105 et 1119

DONUM CONSTANTINI D'ESCOS [1]

Costantinus d'Escos dedit Deo et Sancto-Johanni Sancium Lupum de Besla-Marele [2], decimarium suum, et viridarium quod est ad Petras-Cavas [3], cum filio suo, Arnaldo [4], quando fecit illum monachum.

[1] Escos, commune du canton de Salies, arrondissement d'Orthez (Basses-Pyrénées). — Constantin d'Escos fait l'objet de l'acte XC. La donation de Besla-Marele fut faite au temps de l'abbé Ainer (1105-1119). (Voy. l'acte XC.)

[2] Les Mareilles. — Voy. les actes XIV et XC.

[3] Peyrehorade. — Voy. l'acte XC.

[4] Arnaud d'Escos, moine de Sorde, devint sacristain de l'abbaye. — Voy. ci-après l'acte XC.

LXVII

Entre 1106 et 1119

DONUM R. D'ESCOS [1]

Ego Reimundus d'Escos dono Deo et Sancto-Johanni totam decimam de casale Auriol Aner de Olartige et omnia pertinentia que ad illud pertinent de decimis, pro remedio anime mee et pro beneficio tocius ecclesie. Post vitam vero temporalem iterum dono huic monasterio totam terram et viridaria que sunt in Bissos [2] et campum qui est in Salzo-Longo [2]. Si autem filia mea maritum legitime acceperit, et infantem ab eo habuerit, possedeat terram tali conditione, quod Sancto-Johanni in unoquoque anno reddat tributum vi panes et duas concas annone, et, quando vicem habuerit, unum modium sicere, et fidejussores ad mandatum. Et qui facere voluerit [3] totam terram habeat Sanctus-Johannes. Hoc totum do et confirmo, ut ego totum intus, aut exterius in vita et in morte ut monachus victum et societatem habeam. Hoc factum est in presentia dompni abbatis Ainérii [4] in capitulo fratrum.

[1] Raymond d'Escos est qualifié chevalier dans l'acte XC.

[2] Aujourd'hui By, quartier de la commune d'Oràas, canton de Sauveterre, arrondissement d'Orthez (Basses-Pyrénées). — Voy. l'acte XCIX.

[3] Quartier d'Oràas.

[4] Pour *noluerit*.

[5] Ainer, abbé de Sorde, 1105-1119. — Voy. les actes VIII, XXI, XXII, XXXVI, XLIX à LII, LIV, LVII à LXI, LXIII, LXVIII, LXXVI, LXXVII, LXXX, LXXXVIII, XC, XCVI, CII, CXIV et CLXII.

LXVIII

Entre 1105 et 1119

DONUM GRACIE DE SENT-CIRIC [1]

Notum sit omnibus hominibus, tam futuris quam presentibus, quatinus ego Gratia de Sancto-Cirico, uxor Raimundi Gilelmi quundam mortui, cummota Dei pietate hac misericordia, quia talium est regnum celorum, dono Deo et Sancto-Johanni unicum filium meum fieri monachum, et cum eo iterum dono Deo et Sancto-Johanni ista nominatim presentia, ut possit habere eternam, scilicet molendinum de Casle et omnia que pertinet ad casale quandam terram ad Portum de Til et unum viridarium et unum casalem ad Mal-Cor et tres jornatas de terra deforis in campanea ad Martinum Campum et unum casalem in Villela [2] juxta casale Raimundi Falar [3]. Hoc difinitum est in presentia dompni Ainerii [1], abbatis, et aliorum fratrum. Quicumque vero.hanc cartam debilitare voluerit anatema sit.

[1] Saint-Cricq-du-Gave.
[2] Ce quartier de Saint-Cricq-du-Gave se retrouve sous le nom de Bilère dans les actes LXXX et CXLIII.
[3] Raymond Falar était curé de Saint-Cricq-du-Gave. — Voy. l'acte CXLIII.
[4] Ainer, abbé de Sorde, 1105 à 1119. — Voy. les actes VIII, XXI, XXII, XXXVI, XLIX à LII, LIV, LVII à LXI, LXIII, LXVII, LXXVI, LXXVII, LXXX, LXXXVIII, XC, XCVI, CII, CXIV et CLXII.

LXIX

Vers 1110

CENSUM DE BIRO ET DE BRASSELAY [1]

De honore qui est in Biron et Bracelai quem dedit Bernardus [2], monachus, ad Sanctum-Johannem hic est tributum descriptum. Ille qui possidet ecclesiam Sancti-Petri de Bracelai [3] debet dare unoquoque duodecim panes et XII concas frumenti, duas concas annone mensura, V panum et porcum XII nummorum Morlanensium et in tercio anno III solidos Pictaventium monete, unoquoque anno convivium generale domino suo per mandatum. De piscationibus et venationibus, si forte ceperit, similiter domino suo obtulerit, sicut antecessores sui fecerunt antecessoribus Garsia Bergundi [4], et rectum et legem ad mandatum domini sui qui tenuerit honorem Sancti-Johannis.

[1] Voy. les actes LVII et LXV.
[2] Bernard de Gramont, moine de Sorde, mentionné dans les actes LVII, LXV, LXX, CXII et CXIII. Il vivait au temps de l'abbé Ainer (1105-1119).
[3] L'église de Brassalay n'existe plus. Il ne reste qu'un château du XVIe siècle.
[4] Garsie Bergon de Gramont, père du moine Bernard. — Voy. les actes LVII et LXV.

LXX

Vers 1110

CENSUM SANTZ FORT DE BIRON [1]

Sancius Forto de Biron, qui est francus, debet dare xii panes et duas concas annone et porcum xii nummis Morlanensibus, et in tercio anno, iii solidos Pictavensis [2].

Forto Garsia, cognatus suus, dabit duodecim panes et duas concas annone et porcum xii nummorum Pictavensium et in tercio anno ii solidos Pictavensis [2].

Garsia Blancus de Sultus-Villa [3] quia prohibuit dominus suus, Bernardus [4], paduentiam et egressum et ingressum et aquam, firmavit sibi xii panes et ii concas annone et porcum xii nummorum Pictavensium et ille dominus suus dedit ii jornatas alodii et concessit paduentiam et amplificationem tocius ville.

Hoc difinito, emit Bernardus, dominus suus, a Garsie Santio et muliere sua, Sancia, alium censum hujus villani, Blanki nomine, scilicet vi panes et ii concas annone et iii concas sicere et vi nummos Pictavenses et pro casale ubi manet unus captus fuit, firmavit vi panes et ii concas annone et unam gallinam, et sunt xxiiii panes insimul et vi concas annone et porcum xii nummorum.

[1] Voy. les actes LVII, LXV et LXIX.
[2] Le mot *monete* a été omis.
[3] Nous proposons la lecture *Sultus-Villa*, équivalent du nom de *Soubielle*. On trouve dans le censier de Béarn de 1385 à Biron « l'ostau de Bertran de Sobiele. » (Arch. des Basses-Pyrénées, E. 306, f° 2.)
[4] Bernard de Gramont, moine de Serde, cité aux actes LVII, LXV, LXIX, CXII et CXIII.

LXXI

Vers 1110

CENSUM ANER CENTULLI [1]

Aner Centullus, qui est vestigalis [2], debet dare vi concas frumenti mendicantiam et septimam garbagges [3] et iii

modios sicere, quando habuerit in viridariis, et III modios
milii mensura, V panum et porcum, unoquoque anno, et culturam laborare et II modios sicere, tabernam et per diem unum
ire ad vinum, et siceram deferre domino suo et per alium redire.

' Aner-Centulle, de Biron, vivait au temps de l'abbé Aner (1103-1119).
'; Pour *vectigalis*, soumis à des charrois pour le compte de l'abbaye.
.'; Sorte de haricots.

LXXII

Vers 1110

CENSUM COSTE FORT

Coste Fortis casal debet hujusmodi dare tributum sicut
Aner Centullus '¹' et porcum duorum solidorum. Soror Aner
Centulli, videlicet filia Centulli, debet censum dare VI
concas frumenti mendicantiam septimamque gabarge et
tres modios milii et III sicere et porcum duorum solidorum et convivium generale.

Et III isti vestigales questum sicere aut singulos unien-
cos, scilicet inulos dabunt, et si dominus illorum voluerit
emere siceram cunctorum istorum pagentium predictorum,
absque ulla occasione vendant. Preterea frangui et pagen-
tes dederunt receptaculum procurationis domino suo, unoquoque anno, generaliter, et fidejussores ad mandatum.
Si quis facere noluerit pignoratus et districtus habeat
amorem domini sui, cum dampno, ubi dominus manse-
rit, si in propria villa non fecerit.

" Cité dans les actes LXV et LXXI.

LXXIII

Entre 1072 et 1105

DE SANCTA-SUSANNA '¹'

Diffinitio placiti que facta est inter abbatem Geraldum
et Comte de Sancta-Susanna hec est. Viridarium quod

Forto plantaverat, socer suus, reddidit Beato-Johanni ad
integrum et novum viridarium, quod ipse Comto plantaverat. secundum terminum primi viridarii, stabilivit ut in
in eo faceret mansum usque ad septem annos, tamen
viridario manente, si facere mansum interim nolet, de
quo redderet censum, sicut unum mansum ejusdem ville.
Et adfirmavit hoc fidejussoribus Bergun Gilem de Sendos et Fort Brasc de Oure; abbas quoque, assensu omnium fratrum, dedit sibi et Raimundo, filio suo, missecantaniam de Sancta-Susanna, dominio sibi retinente in
vita utriusque. Similiter affirmantibus eis per eosdem fidejussores quos supra scripsimus, ut, post vitam utrorumque,
liberam et absolutam Sancto-Johanni redderent. Visoribus
Leo Franc [:] et Gillem Aiquem de Serra, Pontio de Laur-
fontan, Garsie Arnalt de Leiren, Bergun Gilem de Sendos, Bergon Arnalt.

[:] Cet acte est la répétition de celui qui porte le chiffre XLII.
Il y a quelques variantes d'orthographe.

[:] Il y a *Leo Brasc* dans l'acte XLII.

LXXIV

Entre 1119 et 1136

DE VIRIDARIO QUOD EST IN SENDOS [:]

Abbas quippe Wilelmi [:] Martelli emit a quodam rustico suo. nomine Garsion, unam jornatam terre, que est
inter viridarium clausum Sancte-Marie de Sendos [:], pro
quatuor solidis Morlanensis moneto et quatuor nummis.
Fidejussor est Gilem Bergon de Sendos [:]

[:] Saint-Dos.

[:] Pour *Wilelmus*. — Guilhem Martel, abbé de Sorde, 1119-1136. —
Voy. les actes V, VII, LXXVII. LXXXI à XC, XCII, XCVI, XCVII,
XCIX, [:] CIX à CXI, CXIV à CXVI. CXXX, CXXXVII, CXXXIX,
CXL, CXLVI, CXLVIII et CLXXX.

[:] Sainte-Marie de Saint-Dos citée aux actes XIV, XCI, XCII et CXXVI.

[:] Guilhem Bergon de Saint-Dos figure dans les actes XCII et C.

LXXV

CENSUM ARNALDI D'URDAIXEN [1]

Quidam clericus, nomine Arnaldus de Urdasen, habebat quandam terram in Sendos-Juso [2], juxta rivum [3] qui cadit in flumen, quam habuit a matre sua, et mater ab antecessoribus suis, quam dedit Deo et Sancto-Johanni cum se ipso.

[1] Arnaud d'Urdaix, seigneur de Curtin Casal, est mentionné dans l'acte CXX. Son fils Guilhem Garsie, vivait au temps de l'abbé Arnaud Guilhem de Biran (1200-1212).

[2] Saint-Dos-Juzon correspond à Saint-Pé-de-Léren, canton de Salies, arrondissement d'Orthez (Basses-Pyrénées).

[3] Ce ruisseau est le Saleys qui se jette dans le Gave d'Oloron, sur le territoire de Cassaber, vis-à-vis Saint-Pé-de-Léren.

LXXVI

Entre 1105 et 1119

DE DECIMA MOLENDINI DE LEREN [1]

Arnardus de Leren [2] volens facere molendinum venit ad abbatem Ainerium [3], et dixit sibi quod si daret sibi ferramenta que erat [4] necessaria in molendino et molas, daret sibi imperpetuum decimam molendini. Factum est ita.

[1] Léren, mentionné dans les actes VIII, LXXXI, CLVIII, CLIX et CLXII.

[2] Arnaud de Léren cité aux actes VIII, LIX, LXXVII et XC.

[3] Ainer. abbé de Sorde, 1105-1119. — Voy. les actes VIII, XXI, XXII, XXXVI, XLIX à LII, LIV, LVII à LXI, LXIII, LXVII, LXVIII, LXXVII, LXXX, LXXXVIII, XC, XCVI, CII, CXIV et CLXII.

[4] Pour *erant*.

LXXVII

Entre 1119 et 1136

DE ECCLESIA D'ESCOS [1]

Mortuo autem Ainerio [2], successit W. Martelli [3] cui supradictus Arnaldus [4] posuit in pignore decimam sue

domus in omnibus que decimantur pro xxv solidis Morlanensis monete. Postea vero habuit filium, nomine Gilelmum, quem, volens facere monachum, dedit Deo et
Sancto-Johanni cum quarte parte ecclesie Sancti-Johannis d'Escos, sed insurgens W. de Osfran [5] qui habebat
filiam Arnaldi conjugem cum parte ecclesie, cepit supradictam vi. Arnaldus vero non potens concedere quartam
partem ecclesie, quam dederat pro filio suo, venit ad
Gilelmum Martelli, abbatem, et rogavit eum ut sicuti
habuerat totam decimationem sue domus pro xxv solidis,
sic haberet inperpetuum cum molendino, et insuper
unum decimarium in capite ville que vocatur Anglade
et firmavit per eosdem fidejussores scilicet Bardonem et
Ebrardum de Lefita [6] ; visores et testes fuerunt Savarix
Arnaut del Berger, Arnaut de La Campane [7].

[1] Voy. les actes LXVI et LXVII.
[2] Ainer, abbé de Sorde, 1105-1119. — Voy. les actes VIII, XXI,
XXII, XXXVI, XLIX à LII, LIV, LVII à LXI, LXIII, LXVII, LXVIII,
LXXVI, LXXX, LXXXVIII, XC. XCVI, CII, CXIV et CLXII.
[3] Guilhem Martel, abbé de Sorde, 1119-1136, cité dans les actes V,
VII, LXXIV, LXXXI à XC, XCII, XCVI, XCVII, XCIX, C, CIX à CXI,
CXIV à CXVI, CXXX, CXXXVII, CXXXIX, CXL, CXLVI, CXLVIII et
CLXXX.
[4] Arnaud de Léren. — Voy. les actes VIII, LIX, LXXVI et XC.
[5] Il y a une faute sur le ms ; nous pensons qu'il faut lire
Wilhem d'Osseen. — Osserain est une commune du canton de Saint-
Palais, arrondissement de Mauléon (Basses-Pyrénées). — Guilhem
d'Osserain figure aussi dans l'acte LXXXIX.
[6] Ebrard de Lafite est cité dans les actes XC et CXXXI.
[7] Arnaud de La Campagne mentionné dans l'acte CLIX.

LXXVIII

23 mars 1241

DE DONO QUOD FECIT BONETUS [1], PRESBITER

Notum sit presentibus et futuris quod Vitalis de Tartas, de villa que vocatur Ages [2], vendidit duos decimarios, scilicet Laborde e Baiet, domino Boneto, quondam

priori de Orion [3], pro c decem solidis Morlanorum. Hos decimarios dedi, ego Bonetus, presbiter, nepos predicti prioris, Deo et Sancto-Johanni de Sordua, pro anima ejus et anima benefactorum meorum, inperpetuum possidendos, ponendo manus meas super altare ipsius Sancti-Johannis in villa Sorduensi, et est facta ista donatio a me, anno Domini Mº ccº xlº, xº kalendas aprilis [4], in presentia R. A. [5], abbatis ejusdem loci, et monacorum, Maulistelle [6] priori, G. de Berens [7], Lupi Bergundi de Luxe [8] Petri Wilelmi de Camer [9], Boneti de Besascen [10], G. junioris de Berens, Bertholemei de Castelu [11], M. de La Lufime.

[1] Il est question dans cette charte de deux personnages du nom de Bonet: le premier était prieur de l'hôpital d'Orion; le second, dit neveu de celui-ci, était prêtre. Peut-être y avait-il des liens de parenté avec Bonet de Béhasque, moine de Sorde, témoin de cet acte?

[2] Agès, quartier de la commune de Misson, canton de Pouillon, arrondissement de Dax (Landes), est la localité de ce nom la plus rapprochée de Sorde; mais dans la commune de Monségur, canton de Hagetmau, arrondissement de Saint-Sever (Landes), il y a un quartier du nom d'Agès où se trouve un domaine nommé Laborde.

[3] L'Hôpital d'Orion, commune du canton de Sauveterre, arrondissement d'Orthez (Basses-Pyrénées). — L'église de cette commanderie existe encore, c'est un édifice de la fin du XIIe siècle.

[4] Cette date correspond au 23 mars. Pâques tombant en 1240 le 15 avril, le chiffre de l'année est 1241 pour le nouveau style, puisque le premier jour de l'année 1240 fut le 15 avril.

— [5] Raymond Arnaud de Bortes, abbé de Sorde, 1212-1254. — Voy. les actes CLVII, CLIX, CLX, CLXVIII à CLXXII.

[6] Il s'agit ici du prieur de Sorde qui dans l'acte CLIV est appelé Mauresleu et Morasleu dans l'acte CLVIII. Il figure aussi dans l'acte CLIX.

[7] Bérenx, commune du canton de Salies, arrondissement d'Orthez (Basses-Pyrénées). — Guilhem de Béronx l'aîné, moine de Sorde, figure aussi dans l'acte CLIV.

[8] Loup Bergon de Luxe, moine de Sorde, est cité dans les actes CLVIII et CLIX. — Il figure comme témoin de la donation du prieuré de Béhaune, faite par Pierre Arnaud, seigneur de Luxe, à l'abbaye de Lahonce en 1227. (Gallia Christiana. I, Instr., p. 201.)

[9] Pierre Guilhem de Camo, moine de Sorde, figure aussi dans l'acte CLIX.

 Bonet de Béhasque, moine de .Sorde, est mentionné dans l'acte CLIX.

 Ce personnage est appelé de *Casteillon* dans les actes CLIV et CLIX. Il faut observer que le mot *castellum*, devenu dans le Béarn *casteg* puis *castel*, a pris dans le pays basque la forme *gastellu*. — Barthélemy de Casteillon était moine de Sorde.

LXXIX

Vers 1125

DE DECIMA MOLENDINI DE BERGUY [1] ET DE BEYRINA [2]

Notum sit omnibus fratribus Bibianus Agrimontis [3] faciebat injuriam de Bergoi de omnibus rebus, scilicet molendinum et Beyrinam quartam partem ecclesiam, et vi venerit ad placitum cum episcopo et abbate et omnibus senioribus terre, et dedit unum mulum et x solidos et fuerunt [4] LXX solidos Morlanensis [5]. Et postea dixit ut nil haberet et mentivit omnia. Et postea venit abbas cum fratribus et senioribus terre ubi erant vicecomes Aquensis [6]. Et probavit eum fide mentitum, iterum venit ad placitum et dedit finem faciendi LX solidos Morlanenses, et reddidit omnem injuriam et dedit fidem ad abbatem et fratribus suis. Fidiatores : Garsie de Osran [7], Lobet de Arberas [8], Arnaut de Bagat [9], Garsi Arramon de Arbut [10], Pers deu Fard [11], Gilem Furt de Salfa [12]; Visores et pignores : Bernard Sanz, P. Aurelle [13]; scilicet visores et testes : Spanol de Gabat [14], Comtet de Miramon [15], Gilem Arnaut de Bigios [16] et alii quamplures.

 Bergouey, commune du canton de Bidache, arrondissement de Bayonne (Basses-Pyrénées).

 Beyrie, commune du canton de Saint-Palais, arrondissement de Mauléon (Basses-Pyrénées). — Voy. les actes XVII, CXXII et CXL.

 Vivien de Gramont, mentionné dans les actes XCVII, XCIX, C et CXLII. — Il vivait au temps de l'abbé Guilhem Martel (1119-1130). — On le trouve encore en 1151 comme témoin dans l'acte de fondation de l'hôpital d'Ordios. *Gallia Christiana*, I, instr., p. 173.

 Il faut lire *futuram*.

.' Sous-entendu *monete*.

.' Pierre, vicomte de Dax.

(') Voy. les actes LXXVII et LXXXIX, où il question d'un membre de la même famille.

.º) Arbérats, commune du canton de Saint-Palais, arrondissement de Mauléon (Basses-Pyrénées). — Loubet d'Arbérats figure aussi dans l'acte CXVII.

.' Bagat est le nom d'un quartier de la commune d'Orist. (Voy. l'acte XXV.)

.º) Arbouet, commune du canton de Saint-Palais. — Garsie Raymond d'Arbouet est cité dans les actes LXXXIII, XCVII, XCIX et CXLII.

.'' L'orthographe serait *Pers de Ujard.* — Uhart, commune du canton de Saint-Palais. Ce personnage figure aussi dans l'acte LXXXVII.

.º) Salha, château, dans la commune d'Aïcirits, canton de Saint-Palais.

:'º) Pierre Aurèle de Came, moine de Sorde, dont il est question dans les actes IV, CVI, CXII, CXXVIII et CXXIX.

.'') Gabat est une commune du canton de Saint-Palais.

:'º) Comdet de Miremont est mentionné dans les actes IV et CXLII.

(''') Guilhem Arnaud de Béguios, cité dans l'acte LXXXIII. — Béguios est une commune du canton de Saint-Palais.

LXXX

Entre 1105 et 1119

DE DECIMA SANCTI-SEVERI DE MUR '''

Plet Aon Fort Lub de Mur, den Fauket de Ulu (²) pro decima de Sancti-Severi de Mur sic faciebant finem de xvi solidis, ante Ainerius, abbas Sorduensis ³), ante Arnaldus, filius suus, ante Arroger de Salinas '', ante Geraldus de Monbreta '', ante totus vicinos. Fidiatores : Garsia Sanz d'Escos ', Bernardus de Mur, Esi Pregani, den Fauket, den Petrus, Bernardus, Wilelmus, e lor mater e lor sorores Navarra, Baicta, Leber. Visores et testes : Arnaldus de Mur, Garsia Fromat de Oras '' Lob, Garsias de Castaneta ', Garsie Sanz de Bilera '', Fort Aner de Bads '''.

(') Mur, quartier de la commune de Castagnède, canton de Salies, arrondissement d'Orthez (Basses-Pyrénées). — Voy. l'acte CIII.

(¹) Fauquet du Leu, mentionné dans l'acte XCIX. — Le Leu est un ancien fief de la commune d'Oràas, canton de Sauveterre, arrondissement d'Orthez.

—(²) Aner, abbé de Sorde, 1105-1119. — Voy. les actes VIII, XXI, XXII, XXXVI, XLIX à LII, LIV, LVII à LXI, LXIII, LXVII, LXVIII, LXXVI, LXXVII, LXXXVIII, XC, XCVI, CII, CXIV et CLXII.

(³) Roger de Salies, déjà mentionné dans l'acte LXI.

(⁴) Géraud de Membrède. — Membrède est un ancien fief situé dans la commune de Castagnède.

(⁵) On rencontre des membres de la famille d'Escos dans les actes LXVI, LXXXIX et XC.

(⁶) Garsie Format d'Oràas. — Oràas, commune du canton de Sauterre, arrondissement d'Orthez. — Dans l'acte XC, on cite le verger de Format Garsie.

(⁷) Castagnède.

(⁸) Garsie Sanche de Bilère paraît être un habitant de Saint-Cricq-du-Gave. — Voy. les actes LXVIII et CXLIII.

(¹⁰) Il y avait à Castagnède une maison appelée de Baigts — Voy. l'acte CLII. — En 1385 dans le censier de Béarn (Arch. des Basses-Pyrénées, E. 306, f° 14.) on trouve l'ostau d'Arnauton de Bags.

LXXXI

1120 et 1134

CONFIRMATIO DONORUM ET EMPTORUM QUAM FECIT

W., DUX AQUITANIE (¹), DE HIIS (²), DE SORDUA, DE MISSON, CASSABER, CARRESSE, SALINIS, SANCTE-SUSANNE (³) ET ALIIS SUBSCRIPTIS

Anno ab incarnatione Domini m° c xx, dux tocius Aquitanie regionis, W.. divina adveniente inspiratione, audiens divinum Domini preceptum ubi dicitur : qui reliquerit omnia que possidet propter nomen meum, centuplum accipiet et cetera, illud predicavit gentibus in quadrifidi orbis partibus insudando. Cum vero nomen Domini predicasset et omnem Xristianitatem exaltare voluisset, atque apud Ispaniam ad erroris culturam destruendam tetendisset, invenit quandam suam ecclesiam Sancti-Johannis-Babtiste, quo dicitur Sordua, suis dotibus quibus eam ditaverat rex Karlo Magnus (⁴), et tocius Vasconie comes necnon antecessores sui viduatam, super eam commotus

3

misericordia et pietate, quod ei sui priores concesserant concessit et confirmando firmavit, investituras scilicet omnes quas tenuit et eo tempore tenebat et suo consilio tenuerit Sorduam videlicet et omnia ad eam villam pertinentia, tam de terris quam de aquis, tam de silvis quam de viridariis, a Mizon-Juson [5], a Mizon-Suson [6], villanos de Cassaver, villanos de Caresse et terras de Salinis, villanos et capanas [7], villam de Sancta-Susanna, silvas scilicet et terras ad eam pertinentes, villam de Sancto-Cirico [8] et omnia ad eam pertinentia, tam in aquis quam in silvis, villam de Bortas [9] cum suis omnibus apendiciis, tam in silvis quam in aquis et in terris, villam de Sancto-Pantaleone [10] cum suis omnibus apendiciis, tam in aquis quam in silvis, villanum unum in Aurievalle [11], villanos duos in Soston [12], villanos quatuor in Aorta [13], villanum unum in Oira [14], villanos viii in Urdassen [15] et ferras, villam de Castelon [16] cum suis omnibus apendiciis, tam in aquis quam in silvis, tam in terris quam in viridariis, villanos de Peiros [17] cum terris, casalos et terras et viridaria de Leren [18], villanum unum in Sendos Juson [19] cum suis vineis et viridariis et terris, villanum unum in Sendos-Suson [20] cum suis terris et viridariis, in Besla-Cumpian [21] villanos quatuor cum suis terris et omnia tam adquisita quam suo consilio adquirenda. Hec concessa sunt et confirmata, W. Martelli [22], abbate, vivente, et Wilelmo, Aquensi episcopo [23], vivente, Lodovico [24], in Francia regnante, Aufulso, rege, in Ispania [25] regnante. Hujus privilegii visores et auditores fuerunt isti, abbas scilicet Sancti-Johannis Angeliacensis [26], abbas Sancti-Petri Maiiacensis [27], Guitardus de Burgo, Wilelmus Arnaldus de Garris [28], Gileminge, Arnaldus de Labedz [29], Arnaldus de Camo [30], vicecomes de Labort [31], vicecomes de Alberda [32], vicecomes de Solla [33].

✝ Signum G., tocius Aquitanie ducis.

[1] Guillaume VII, duc d'Aquitaine (1020-1127), mentionné aux actes VI et LVIII.

(1) Hinx, commune du canton de Montfort, arrondissement de Dax (Landes).

(2) Misson (Landes), Cassaber, Carresse, Salies et Sainte-Suzanne (Basses-Pyrénées).

(3) La plupart des abbayes du Midi prétendaient avoir été fondées ou dotées par Charlemagne lors de son passage en Espagne.

(4) Partie inférieure de la commune de Misson, appelée ainsi par opposition au Haut-Misson, qui est indiqué sur la carte de Cassini.

(5) Ce quartier correspond au Haut-Misson.

(6) Pour *campanas*.

(7) Saint-Cricq-du-Gave.

(8) Bortes. — Voy. l'acte IX.

(9) Saint-Pandelon est cité dans les actes II, CXLIII et CLXXVIII.

(10) Auribat — Voy. l'acte XLIX.

(11) Voy. l'acte XXXVII.

(12) Orthe.

(13) Œyre-Gave.

(14) Urdaix.

(15) Pour Castillon.

(16) Voy. les actes X, LIX et CLXI.

(17) Léren.

(18) Saint-Pé-de-Léren.

(19) Saint-Dos.

(20) Les Mareilles. — Voy. les actes XIV, XXXI et LVIII.

(21) Guilhem Martel, abbé de Sorde, 1110-1136. — Voy. les actes V, VII, LXXIV, LVII, LXXXII à XC, XCII, XCVI, XCVII, XCIX, C, CIX à CXI, CXIV à CXVI, CXXX, CXXXVII, CXXXIX, CXL, CXLVI, CXLVIII et CLXXX.

(22) Guilhem de Heugas, évêque de Dax, 1135-1143. — Voy. les actes LXXXIII, LXXXVII, CX et CXI.

(23) Louis VI le Gros (1108-1137).

(24) Alphonse Ier, roi de Navarre et d'Aragon (1104-1134).

(25) L'abbé de Saint-Jean-d'Angely.

(26) L'abbé de Maillezais.

(27) Guilhem Arnaud ou Arnaud Guilhem de Garris est mentionné dans les actes XCVIII et C.

(28) Labets, commune du canton de Saint-Palais, arrondissement de Mauléon (Basses-Pyrénées).

(29) Camou, commune du canton de Saint-Palais. — Arnaud de Camou figure aussi dans l'acte XCIX.

(30) Garsia Sanche, vicomte de Labourd, est mentionné dans l'acte CXV.

(31) Le vicomte d'Arbéroue. Il faut lire *Alberoa*.

(32) Centulle, vicomte de Soule.

LXXXII

Entre 1119 et 1136

DE AQUISITIONE QUAM FECIT W. MARTED, ABBAS [1], IN MIXIA [2]

Ego abbas, Gilelmus Martelli, Sancti-Johannis Sorduensis ecclesie, acquisivi amore Dei multa que quidam, pro animabus patrum suorum et pro redemptione propriorum criminum, spontanee dimiserunt servientibus in supradicto cenobio. Inter que insurgentibus consanguineis supradictorum et mihi vi aufferentibus que illi, pro animabus suis et parentum suorum, reliquerunt, partim comparavi, partim recto jure quodam retinui. Quia timens quosdam fraudulenter mihi insidiantes mortemque meam expectantes, abnegantes videlicet dona parentum volui tradere successoribus meis noticiam et certitudinem rerum quas ego amore Dei adquisivi et quas proprio censu comparavi.

[1] Guilhem Martel, abbé de Sorde. 1119-1136. — Voy. les actes V, VII, LXXIV, LXXVII, LXXXI, LXXXIII à XC, XCII, XCVI, XCVII, XCIX, C, CIX à CXI, CXIV à CVI, CXXX, CXXXVII CXXXIX, CXL, CXLVI, CXLVIII à CLXXX.

[2] Le pays de Mixe.

+ LXXXIII

Entre 1119 et 1136

DONUM BRASC G. DE LUXE [1] DE ECCLESIA DE BEYRIE [2]

Brasc Garsie de Luxe, adveniente die obitus sui, recordans dominici precepti dicentis : nisi qui relinquerit omnia que possidet non patet meus esse discipilus, amore Dei et timore pene, dedit pro redemptione anime sue medietatem ecclesie Sancti-Juliani de Beirie Sancto-Johanni de Sordua, in presentia abbatis W. Martelli [3], qui eum cum fratribus suis honeste recepit et intra claustrum sepelivit

Post hoc, non multis annis transactis, insurrexerunt Gilelmus Arnalt de Beiries [1] et Sanzol, frater ejus, dicentes medietatem supradicte ecclesie suam esse, unde nobis secum multis diebus certantibus tandem ad finem pervenimus. Dedi enim ego Gilelmus Martelli sibi cxxx solidos Morlanensis monete affirmantibus in manu Wilermi, Aquensis episcopi [3], per fidejussores, videlicet Bernardum Raimundi de Minus et Gilelmum Arnaldi de Bigaos [6] et Garsie Raimundi de Arbut [7] et Gileminge de Manz-Barraute [8], ne amplius ipsi nec successores corum acclamarent. Insuper pro affirmatione et integritate rei dedit Petro, filio ejus, et matri sue lxx solidos Morlanensis monete.

(1) Brasc Garsic de Luxe est mentionné dans les actes VIII. XLI, XLVII à LIX, LXXXVI et CLXXX.

(2) Beyrie près de Saint-Palais. — Voy. les actes XVII, LXXIX, CXXII et CXL.

— (3) Guilhem Martel, abbé de Sorde, 1110-1138. — Voy. les actes V, VII, LXXIV, LXXVII, LXXXI, LXXXII, LXXXIV à XC, XCII, XCVI, XCVII, XCIX, C, CIX à CXI, CXIV à CXVI, CXXX, CXXXVII, CXXXIX, CXL, CXLVI, CXLVIII et CLXXX.

(4) Guilhem Arnaud de Beyrie figure aussi dans l'acte CXL.

(5) Guillaume de Hengas, évêque de Dax, 1135-1143. — Voy. les actes LXXXI, LXXXVII, CX et CXI.

(6) Guilhem Arnaud de Béguios cité dans l'acte LXXIX.

(7) Garsie Raymond d'Arbouet, mentionné dans les actes LXXIX, XCVII, XCIX et CXLII.

(8) Guilheminge de Maspuraute figure dans les actes V et XCIII.

+ LXXXIV

Entre 1119 et 1136

DE ECCLESIA SANCTI-MARTINI D'ORSANCHOE [1]

Saucius, sacerdos, de Befasken [2], dedit se ipsum et ecclesiam Sancti-Martini de Orsacoe, quam emerat a patre suo, Sancto-Johanni, in presentia abbatis Martelli [3], insuper dedit quendam decimarium, nomine Fratet [4] d'Espis [5], qui diu manens in ecclesia Sancti-Johannis tandem ab abbate et a conventu electus est in capellanum. Mortuo autem supradicto Sancio, insurrexit frater ejus, Arnaldus de Atos [4], et voluit auffere supradictam ecclesiam Sancto-Johanni. Quapropter Wilelmus Martelli, faciendo finem huic rei, dedit sibi x solidos Morlanensis monete, tali condicione quod eum in claustro sepeliret. Ipse vero dedit sibi fidejussores Raimundum Basc et Bernardum de Sendos [5] ne amplius hanc rem quereret. Postea alius frater, Galinus nomine, insurrexit, volens auferre supradictum decimarium Frated, dicens se emissé cum fratre suo, Sancio, sacerdote, a sorore sua, cum iterum dedit Wilermus Martelli xv solidos Morlanensis monete, affirmando eum per manus ejusdem Frated.

(4) Orsanco, commune du canton de Saint-Palais, arrondissement de Mauléon (Basses-Pyrénées).

(5) Mentionné dans l'acte VII.

— (3) Guilhem Martel, abbé de Sorde, 1110-1136. — Voy. les actes V, VII LXXIV, LXXVII, LXXXI à LXXXIII, LXXXV à XC, XCII, XCVI, XCVII, XCVII, XCIX, C, CIX à CXI, CXIV à CXVI, CXXX, CXXXVII, CXXXIX, CXL, CXLVI, GXLVIII et CLXXX.

(4) Traduction du diminutif de *frater*.

(5) Aspis, section de la commune d'Athos, canton de Sauveterre, arrondissement d'Orthez (Basses-Pyrénées).

(6) Athos, canton de Sauveterre.

(7) Saint-Dos.

LXXXV

Entre 1119 et 1136

DE ECCLESIA SANCTI-SATURNINI DE GENSANE [1]

Quedam domina, nomine Garsio, mater Amorosii et Geraldi et Arnaldi de Lacarra [2], adveniente die obitus sui, dedit ecclesiam Sancti-Saturnini de Genzane Deo et Sancto-Johanni, pro redemptione animo suo, concedentibus filiis suis et omni parentela sua, abbas autem Wilermi Martelli [3] dedit quicquid necessarium fuit in ordinatione sepulturo ejus.

(1) Gensanne est un ancien fief situé dans la commune d'Orsanco.

.'. Lacarre, commune du canton de Saint-Jean Pied-de-Port, arrondissement de Mauléon (Basses-Pyrénées). — Arnaud de Lacarre est mentionné dans l'acte CXXI.

— (*) Guilhem Martel, abbé de Sorde. 1119-1136. — Voy. les actes V, VII, LXXIV, LXXVII, LXXXI à LXXXIV, LXXXVI, LXXXVIII à XC, XCII, XCVI, XCVII, XCIX, C, CIX à CXI, CXIV à CXVI, CXXX. CXXXVII. CXXXIX, CXL, CXLVI. CXLVIII et CLXXX.

⚲ LXXXVI

Entre 1119 et 1136

DONUM ESPANHOL DE LABORT ¹ QUOD FECIT DE

SANCTO-FELICE DE GABRIS ²

Espaniol de Labort obtulit se Deo et Sancto-Johanni ut, si vita annuente Deo sibi diu concederetur, efficeretur monochus, pro dispensa autem loci et pro beneficio orationum, dedit unum rusticum, nomine Arsivum, cujus talis est census : VII panes, V concas vini et unus ares, XII quoque denarii vel porcus XII nummorum. Interim antequam ad hoc deveniret, ut fieret monachus, voluit ire ad obsidionem Cesar-Augusto ⁽³⁾. Et non habens ca que necessaria erant sibi, vendidit Wilermo Martelli, abbati ⁽⁴⁾, medietatem ecclesie et decime Sancti-Felicis de Garis pro C L solidis Morlanensis monete. Fidejussores Bras Garsies de Luxe ⁽⁵⁾, Espanol de Domesan ⁶. Transacto non longo tempore, venit Arnaldus de Leginge ⁽⁷⁾, cognatus ejus, volens ire Ierusalem, posuit in pignore aliam medietatem ejusdem ecclesie et decime Gilermi Martelli, pro totidem solidis Morlanensis monete. Cui redeunti videlicet Arnaldo de Jerusalem iterum pro eadem medietatem ⁸ ejusdem ecclesie et decime dedit pomatum in precio ducentorum solidorum Morlanensis monete. Intermisso autem parvo spatio temporis, venit iterum supradictus Arnaldus ad Gilermum Martelli, abbatem, dicens quatinus emeret totam supradictam ecclesiam et deciman pro quadrigentis solidis Morlanensis monete, quod et factum est. Fidejussores sunt Petrus de Luxe [1], Espanol de Domezan, insuper cum iret supradictus Arnaldus ad obsidionem Frage [10], habuit iterum a Gilermo Martelli abbate unum mulum et unam mulam precio c. solidorum, ciphum quoque argenteum constantem v marchis. Defuncto autem Arnaldo, insurrexit Gilermus Arnaldi [11], cognatus ejus, movens magnam sedicionem pro eadem ecclesia et decima, donec ab eodem G. Martelli, abbate, ccc solidos Morlanensis monete accepit. Hoc autem fecit coram vicecomitissa Bearnensi, nomine Atelesa [12], et coram nobilioribus viris sue curie : Forto Anerio de Salt, Forto Anerio de Domi, Forto Anerio de Bulmor [13], Geraldo de Cassaver [14].

[1] Espagnol de Labourd figure aussi dans l'acte CXVI.

[2] Voy. l'acte CVI.

[3] Ce siége de Saragosse eût lieu en 1118, la ville fut prise le 18 décembre.

— [4] Guilhem Martel, abbé de Sorde (1119-1130). — Voy. les actes V, VII, LXXIV, LXXVII, LXXXI à LXXXV, LXXXVII à XC, XCII, XCVI, XCVII, XCIX, C, CIX à CXI, CXIV à CXVI, CXXX, CXXXVII, CXXXIX, CXL, CXLVI, CXLVIII et CLXXX.

[5] Ce personnage est cité aux actes VIII, XLI, XLVII, LVII à LIX, LXXXIII et CXLXX.

[6] Espagnol de Domezain, mentionné dans les actes XCII, XCVI et CXVII.

[7] Arnaud de Laguinge. — Voy. les actes VI, CVI, CXVI et CXXXI. — Ce voyage à Jérusalem n'indique pas que ce personnage ait pris part à une croisade, en effet la date de l'acte se place entre la première et la seconde croisade qui ne commença qu'en 1147.

[8] Pour *medietate*.

[9] Pierre de Luxe figure, en 1151, comme témoin dans l'acte de fondation de l'hôpital d'Ordios. (*Gallia Christiana*, I, Instr. p. 173.)

[10] Arnaud de Laguinge accompagna probablement Centulle V, vicomte de Béarn, qui fut tué à la bataille de Fraga (juillet 1134). Orderic Vital donne le récit de ce désastre des chrétiens en Espagne.

[11] Ce Guilhem Arnaud de Laguinge ne doit pas être confondu avec Guilhem Arnaud de Laguinge, l'un des exécuteurs du testament de Guilhem Raymond, vicomte de Béarn, en 1223. — Voy. Marca, *Histoire de Béarn*, p. 562.

— [12] Talèse, femme de Gaston IV, vicomte de Béarn, tué en Espagne en 1131.

[13] Sault-de-Navailles, commune du canton et de l'arrondissement d'Orthez. (Basses-Pyrénées):

(10) Doumy, commune du canton de Thèze, arrondissement de Pau (Basses-Pyrénées). — Marca, dans les preuves de son *Hist. de Béarn*, p. 405 et 432, mentionne Fort Aner de Doumy comme baron de Béarn, en 1100 et en 1131.

(11) Boumourt, commune du canton d'Arthez, arrondissement d'Orthez.

(12) Géraud de Cassaber ou de Cassier est cité dans les actes LIX et CXLVI.

LXXXVII

1135 ou 1136

DE SANCTO-JUSTO [1]

Petrus de Ufart [2] et Lupus de Anfiz [3] habebant quandam ecclesiolam Sancti-Justi quam, pro redemptione animarum suarum, dederunt Deo et Sancto-Johanni, cum terris et aquis et silvis et omnibus upenditiis suis, in presentia dompni Gilermi, Aquensis episcopi [4], vivente Gilermo Martelli [5], abbate ejusdem loci.

(1) Saint-Just, commune du canton d'Iholdy, arrondissement de Mauléon (Basses-Pyrénées), devint un prieuré de l'ordre des Prémontrés. — Voy. l'acte CXXI.

(2) Pierre d'Uhart mentionné dans l'acte LXXIX.

(3) Ainhice, commune du canton de Saint-Jean Pied-de-Port, arrondissement de Mauléon.

(4) Guilhem de Heugas, évêque de Dax, 1135 et 1143. — Voy. les actes LXXXI, LXXXIII, CX et CXI.

(5) Guilhem Martel, abbé de Sorde, 1110-1136. — Voy. les actes V, VII, LXXIV, LXXVII, LXXXI à LXXXVI, LXXXVIII à XC, XCII, XCVI, XCVII, XCIX, C, CIX à CXI, CXIV à CXVI, CXXX, CXXXVII, CXXXIX, CXL, CXLVI, CXLVIII et CLXXX.

LXXXVIII

Avant 1135

DE ARRIBAUTE [1]

Olim inter multa alia dona que probissimi viri et catholice fidei obedientes, pro redemptione animarum sua-

rum, dederunt Deo et Sancto-Johanni, quidam Bonus
Homo [1], pro reden_ptione anime sue, dedit medietatem
ecclesie Sancte-Marie de Arribalte. Quo mortuo, parentes
ejus insurgentes superbissimi homines et illecebris diaboli
imbuti non concedentes donum, arripuerunt eam vi, dicentes jure parentis defuncti ess· suam. Verumtamen commotus abbas, Ainerius [3], Sancti-Johannis, fide plenus, Deo
devotus, advocavit quosdam antiquos et nobiliores ejusdem
terre ut diffinirent hanc rem, qui congregati laudaverunt
fieri duellum, in presentia dompni Oddonis, Olorensis episcopi [4], et in manu Gastonis, Bearnensis vicecomitis [5]. —
Sed forte ita evenit quod antequam duellum finiretur,
convenerunt inter se et fecerunt placitum et dedit abbas
Ainerius cc solidos conquerentibus super ecclesiam, videlicet Benedicte [6] et filio ejus, Luponem [7]. Mortua autem
Benedicta, insurrexit Lupus, filius ejus, egens, dixit quod
mater ejus, Benedicta, nec ipse posuerunt in fine supradicto signa, libros, calicem, sed ipsi monachi haberent medietatem tocius ornamenti ecclesie, videlicet libros, signa,
calicem et cetera. Quapropter Wilermus Martelli [8], abbas,
nolens diu placitare, emit ab eo unum signum cum parrochianis, tribuens ei xl solidos Morlanensis monete. Insuper faciendo finem tocius rei, dedit sibi xv solidos Morlanensis monete, in manu Arnaldi, Olorensis episcopi [9],
qui erat Morlanensis prior. Ipse vero concessit W. Martelli, abbati, et successoribus ejus omnia ornamenta ecclesie inperpetuum, videntibus parrochianis, dando fide jussores : Garsiam Lupi de Usken [10] et Arnaldum Raimundi
de Giestars [11].

---

[1] Rivehaute. — Voy. les actes VIII et CVIII.
[2] Ce nom indique à cette époque une personnage noble.
[3] Ainer. abbé de Sorde, 1105-1119. — Voy. les actes VIII, XXI,
XXII, XXXVI, XLIX à LII, LIV, LVII, à LXI, LXIII, LXVII, LXVIII,
LXXVI, LXXVII, LXXX, LXXXVIII, XC, XCVI, CII, CXIV et CLXII.
[4] Odon de Bénac, évêque d'Oloron, 1083-1101. — Voy. l'acte VIII.
[5] Gaston IV, vicomte de Béarn, 1083-1130. — Voy. les actes VI,
VIII, LIV, LVII, LXXXVIII, XCIX, CXLVI, CXLVIII et CLII.

*. Benoîte de Rivehaute est déjà citée dans l'acte VIII.

.* Loup ou Loupon de Rivehaute. — Voy. les actes VIII et CVIII.

— *. Guilhem Martel, abbé de Sorde, 1119-1136. — Voy. les actes V, VII, LXXIV, LXXVII, LXXXI à LXXXVII, LXXXIX, XC, XCII, XCVI, XCVII, XCIX, C, CIX à CXI, CXIV à CXVI, CXXX, CXXXVII, CXXIXX, CXL, CXLV, CXLVIII et CLXXX.

— *. Arnaud I d'Araux, évêque d'Oloron, prieur de Sainte-Foi de Morlaas, 1114-1135. Sainte-Foi dépendait de Cluny.

(*. Usquain, section de la commune de Tabaille, canton de Sauveterre, arrondissement d'Orthez (Basses-Pyrénées). — Garsie Loup d'Usquain est mentionné dans l'acte CVIII.

(*. Arnaud Raymond de Gestas cité dans l'acte CVIII. — Il y a un Raymond de Gestas mentionné dans l'acte VIII.

LXXXIX

Entre 1119 et 1136

DONUM R D'ESCOS *

Inter hoc suprascripta hoc duco necessarium scribi qualiter Raimundus, sacerdos, de Camo *, dedit se ipsum et unum decimarium, scilicet de Pinui in villam de Escos, qnem habebat cum omni appendicio illi pertinenti, tam in terris quam in viridariis et in ceteris rebus. Quo vivente. Gilelmus de Osseran *. accepies * uxorem de ipsius projenie, nomine Comitissam *, abstulit supradictum decimarium Sancto-Johanni, vivente W. Martelli *, abbate ejusdem cenobii. Veruntamen, commotus dolore, supradictus abbas dedit sibi xxv solidos Morlanensis monete, antequam ab eo aliquid acciperet. Mortuo autem Gilermo, Comitissa, uxor ejus, sequens maliciam ipsius, voluit auferre eumdem decimarium, pro quo tamdiu placitavit, donec ab eodem W. Martelli, abbate, x solidos Morlanensis monete, afflrmando sibi decimarium inperpetuum per suam manum, vidente Bergundo, sacerdote ipsius ecclesie, et ceteris parrochianis.

*. Ce personnage ne doit pas être confondu avec Raymond d'Escos, chevalier, qui est mentionné dans les actes LXVII et XC.

Celui-ci est indifféremment appelé Raymond d'Escos ou Raymond de Camou. — Voy. les actes VII et XCIX.

(¹) Camou.

(²) Guilhem d'Osserain. — Voy. l'acte LXXVII.

(³) Pour *accipiens.*

(⁴) Il s'agit de Comtesse, fille d'Arnaud de Léren. — Voy. l'acte LXXVII.

— (⁵) Guilhem Martel, abbé de Sorde, 1119-1136. — Voy. les actes V, VII, LXXIV, LXXXI à LXXXVIII, XC, XCII, XCVI. XCVII, XCIX, C, CIX à CXI, CXIV à CXVI, CXXX, CXXXVII, CXXXIX, CXL, CXLVI, CXLVIII et CLXXXX.

XC

Entre 1119 et 1136

DONUM CONSTANNI (¹) D'ESCOS

Constantinus, presbiter, d'Escos, habuit filium, nomine Arnaldum (²), et dedit cum Sancto-Johanni faciendo monachum, pro quo dedit unum decimarium in villa que vocatur Besla-Marela (³), et unum viridarium in Petris-Cavis (⁴) vivente abbate Ainerio (⁵). Defuncto autem Arnaldo, monacho, filio Constantini, insurrexit quidam miles, nomine Raimundus d'Escos, (⁶) volens auferre supradictum donum, placitum cum abbate Gilermo Martelli (⁷), donec extorsit ab eo XV solidos Morlanensis monete, faciendo finem et affirmando sibi per manum Arnaldi de Lerent (⁸) et Ebrardi de La Fita (⁹). Arnaldus autem supradictus monacus effectus sacrista emit quoddam viridarium Formati Garsie (¹⁰) a Gaudita, sorrore sua, dando sibi XL solidos Morlanensis monete, quod reliquid Deo et Sancto-Johanni post mortem suam.

(¹) Constantin d'Escos déjà cité dans l'acte LXVI. — Le texte devrait porter *Constantini.* — Il y a dans la commune d'Abitain, voisine d'Escos, un domaine appelé Constantin.

(²) Arnaud d'Escos. — Voy. l'acte LXVI.

(³) Les Marelles. — Voy. les actes XIV et LXVI.

(⁴) Peyrehorade, lieu déjà mentionné à l'acte LXVI.

(⁵) Ainer, abbé de Sorde, 1105-1119. — Voy. les actes VIII, XXI,

XXII, XXXVI, XLIX à LII, LIV, LVII à LXI, LXIII, LXVII, LXVIII,
LXXVI, LXXVII, LXXX, LXXXVIII, XC, XCVI, CII, CXIV et CLXII.

(⁶) Raymond d'Escos, chevalier, déjà mentionné dans l'acte LXVII.
(⁷) Guilhem Martel, abbé de Sorde. 1119-1136. — Voy. les actes V,
VII, LXXIV, LXXVII, LXXXI à LXXXIX, XCII, XCVI, XCVII, XCIX,
C, CIX à CXI, CXIV à CXVI, CXXX, CXXXVII, CXXXIX, CXL,
CXLVI, CXLVIII et CLXXX.

(⁸) Arnaud de Léren. — Voy. les actes VIII, LIX, LXXVI et LXXVII.
(⁹) Ebrard de Lafite déjà mentionné dans l'acte LXXVII.
(¹⁰) Voy. l'acte LXXX.

XCI

DONUM LUPI DE SENDOS (¹)

Lupus, sacerdos Sancte-Marie de Sendos (²), habuit quandam terram in qua plantavit quoddam viridarium, quod
dedit Deo et Sancto-Johanni, pro redemptione anime sue,
habuerat enim hanc terram pro magisterio (³) ecclesiè. Est
autem viridarium istud in Capite-Ville (⁴).

(¹) Saint-Dos.
(²) L'église Sainte-Marie de Saint-Dos est citée dans les actes XIV,
LXXIV, XCII et CXXVI.
(³) C'est-à-dire que cette terre faisait partie du domaine de l'é-
glise de Sainte-Marie de Saint-Dos. — Voy. Du Cange, v° magiste-
rium.
(⁴) « L'ostau d'Arnaut de Capdebiele, » situé à Saint-Dos, est porté
sur le censier de Béarn de 1385 (Arch. des Basses-Pyrénées, E. 306,
f° 15.)

XCII

Entre 1119 et 1136

DONUM QUOD FECIT SANCIUS, COMES (¹), DE ECCLESIA

SANCTE-MARIE DE SENDOS (²)

Cum multi alii probissimi viri darent Deo et Sancto-
Johanni, pro redemptione anime sue, alius ecclesiam,
alius rusticos, Sancius, bone memorie, comes Vasconie,

dedit Deo et Sancto-Johanni ecclesiam Sancte-Marie de Sendos et terram, ubi collocavit quidam abbas Gilermus, nomine de Goron [3], unum rusticum, nomine Filium Paucum [4]. Mortuo autem Sancio comite et defunctis omnibus abbatibus ejusdem cenobii, usque ad abbatem W. Martelli [1], insurrexit quidam clericus, nomine Filius Bonus, cum sorore sua, nomine Ricsenda, de projenie ipsius rustici, qui dixit se debere possidere, hereditario jure, missecantaniam supradicte ecclesie, quam nemo unquam sui generis possedit. Verumtamen inquirens abbatem W. Martelli, ut redderet sibi missecantaniam, cum non posset impetrare ab eo, dicebat enim Wilermus Martelli quia a nullo antecessore suo hanc habuerat, et peciit auxilium Espanol de Domezan [6], cum quo defenderet quam querebat. Ipse vero Espanol inquisivit abbatem Gilermum Martelli ut faceret finem, pro amore ejus, cum supradicto clerico. Qui, consulens cum fratribus suis monachis et cum parrochianis illius ecclesie, videlicet Gilermo Bergundii [7] et sorore sua, nomine Guesen [8] dedit illis, scilicet supradicto Filio Bono et sorori sue, Aricsen, LX solidos Morlanensis monete. Ipsi autem reddebant, unoquoque anno, porcum duorum solidorum, et faciendo finem hujus rerum [9] dimisit sibi Wilermus Martelli abbas unoquoque anno XII nummos. Illi vero dederunt fidejussores Gilermo Martelli, abbati, ne unquam amplius hanc missecantaniam quererent neque successores eorum.

---

(1) Sancho, duc et comte de Gascogne, entre 1010 et 1032. — Voy. les actes II, III, IX et CL.

(2) Sainte-Marie de Saint-Dos. — Voy. les actes XIV, LXXIV, XCI et CXXVI.

— (4) Guilhem de Goron, abbé de Sorde, 1060. — Voy. les actes XXXIV, XXXIX, XL et CXXXI.

(5) Ce nom a été conservé en Béarn sous les formes *Poc* et *Poque*.

— (6) Guilhem Martel, abbé de Sorde, 1119-1136. — Voy. les actes V, VII. LXXIV, LXXVII, LXXXI à XC, XCVI, XCVII, C, CIX à CXI, CXIV à CXVI, CXXX, CXXXVII, CXXXIX, CXL, CXLVI, CXLVIII et CLXXX.

(⁶) Espagnol de Domezain. — Voy. les actes LXXXVI, XCVII et CXVII.
(⁷) Guilhem Bergon de Saint-Dos. — Voy. les actes LXXIV et C.
(⁸) Guasen de Saint-Dos est cité dans l'acte C.
(⁹) Pour *rei*.

XCIII

⤙ Vers 1125

DE DECIMARIO QUOD DEDIT WILEMINGE [1]

Wileminge de Mans-Barraute dedit pro filio suo, Raimundo [2] nomine, unum decimarium in villa que vocatur Ergomer.

(1) Guilheminge de Masparraute a déjà été mentionné dans les actes V et LXXXIII. Il vivait au temps de l'abbé Guilhem Martel, 1119-1136.

(2) Raymond de Masparraute, moine de Sorde, cité dans les actes CVI, CXIII, CXXI et CXXVIII.

XCIV

DE VIRIDARIO QUOD DEDIT ANER SALDUNA

Aner Ssalduna de Arraute [1], die obitus sui, dedit Deo Sancto-Johanni, pro redemptione anime sue, quoddam viridarium in villa que vocatur Arrauta, juxta mansionem que vocatur Olfegi [2].

(1) Arraute, commune du canton de Saint-Palais, arrondissement de Mauléon (Basses-Pyrénées).

(2) Olhéguy, domaine situé à l'est de la route qui va de Bidache à Saint-Palais.

XCV

DE ECCLESIE SANCTI-SEBASTIANI DE BEIRINA

Johanes de Sames [1] emit quartam partem ecclesie Sancti-Sebastiani de Beirina a quodam homine, nomine [2], et, in die obitus sui, dedit et [3] Sancto-Johanni.

(1) Same, commune du canton de Bidache, arrondissement de Bayonne (Basses-Pyrénées).

(2) Le nom a été omis dans le ms.

(3) Pour *eam*.

XCVI

Entre 1119 et 1136

DE TERRA QUE EST IN ALSURREN

Quidam clericus, nomine Lupus, habuit quandam terrulam in Alzurren quam dedit Deo et Sancto-Johanni, die obitus sui, pro redemptione anime sue; hanc vero terram quesivit Lupus Garsias de Crosmendict [1] Anerio [2], abbati, ad plantandum quam absolute, die obitus, reddidit Deo et Sancto-Johanni et abbati W. Martelli [3].

(1) Si le texte est correct, *Crosmendict* signifie *Montagne de la croix*, on dirait en basque *Curutchemendy*. Mais il est possible qu'on ait écrit *Crosmendict* pour *Arrosmendict*.

— (2) Aner, abbé de Sorde, 1105 à 1110. — Voy. les actes VIII, XXI, XXII, XXXVI, XLIX à LII, LIV, LVII à LXI, LXIII, LXVII, LXVIII, LXXVI, LXXVII, LXXX, LXXXVIII, XC, CII, CXIV et CLXII.

— (3) Guilhem Martel, abbé de Sorde, 1119-1136. — Voy. les actes V, VII, LXXIV, LXXVII, LXXXI à XC, XCII, XCVII, XCIX, C, CIX à CXI, CXIV à CXVI, CXXX, CXXXVII, CXXXIX, CXL, CXLVI, CXLVIII, et CLXXX.

XCVII

Entre 1119 et 1136

DE VIRIDARIO D'ARANCHOEN [1]

Endregot de Aranque habuit quendam filium, Garsiam nomine, qui dedit quoddam viridarium, pro redemptione anime sue, Deo et Sancto-Johanni. Mortuo autem illo, insurrexit Gilermus de Othasac clamans super viridarium, pro muliere sua que erat de projenio supradicti Garsie.

Verumtamen commotus W. Martelli, abbas [2], nolens amittere donum, tamdiu secum placitavit, donec faciendo finem ante dominos Amixe [3], vidolicet Bibianum de Agrimonte [4], Espainol de Domezan [5], Garsiam Raimundi d'Arbet [6], dedit sibi xxx solidos Morlanensis monete, accipiendo fidejussores Blezce et Santium Garsie.

[1] Arancou, commune du canton de Bidache, arrondissement de Bayonne (Basses-Pyrénées). — Voy. l'acte suivant.
— [2] Guilhem Martel, abbé de Sorde, 1119-1136. — Voy. les actes. V, VI, LXXIV, LXXVII, LXXXI à XC, XCII, XCVI, XCIX, C, CIX à CXI, CXIV à CXVI, CXXX, CXXXVII, CXXXIX, CXL, CXLVI, CXLVIII et CLXXX.
[3] Les nobles du pays de Mixe. — Voy. les actes LIX et CVII.
[4] Vivien de Gramont. — Voy. les actes LXXIX, XICX, C et CXLII.
[5] Espagnol de Domezain. — Voy. les actes LXXXVI, XCII et CXVII.
[6] Garsie Raymond d'Arbouet. — Voy. les actes LXXIX, LXXXIII, XCIX et CXLII.

XCVIII

Entre 1119 et 1136

DE VIRIDARIO QUOD DEDIT A. G. DE GARRIS IN ARANCOE [1]

Willermus Arnaldi de Garris [2], bone memorie, veniens ad finem vite sue, misit ordinem ut parentes sui et precipue filius ejus, Raimundus Arnaldi nomine, sepelirent corpus ejus in claustro Sancti-Johannis, et darent aliquam partem terre sue servis Dei ibi cohabitatibus pro redemptione anime sue. Quod sic factum est. Dedit enim filius ejus medietatem viridarii quod habebat pater ejus cum sorore sua, nomine Gualarda, in Aranque.

[1] Arancou.
[2] Guilhem Arnaud de Garris. — Voy. les actes LXXXI et C. — Il vivait au temps de l'abbé Guilhem Martel, 1119-1136.

⊢ XCIX

Entre 1119 et 1136

DE VIRIDARIO QUOD DEDIT A. R. DE OLU [1]

Arnaldus Raimundi de Olu habens necessitatem, sicuti
solet fieri, posuit in pignore Raimundo, sacerdoti de Camou [2], quem supra nominavimus, quoddam viridarium in
villam que dicitur Bissus [3], pro quatuor vaccis habentibus
vitulos. Qui abiens cum Gastone, vicecomite Bearnensi [4],
Bigorram [5], in quodam castro periit gladio. Quod audiens
filius ejus, Falketus [6] nomine, placitavit pro supradicto
viridario cum Raimundo, sacerdote, qui hoc a patre suo
pignus habuerat. Qui tandem venies [7] ad finem, dixit
se daturum VIII vaccas infra duos annos, et sic recupe-
ravit viridarium. Transactis autem duobus annis, pignoratus non potest reddere vaccas, dimisit viridarium supradictum Raimundo, sacerdoti, in manu Arnaldi de Camo [8],
dando fidejussores Bibianum de Agrimonte [9] et Garsiam
Raimundum [10], filium Rainundi [11] de Arbut [12], ne amplius ipse nec successores eorum hoc viridarium quererent.
Quod viridarium Raimundus, sacerdos, dedit Deo et Sancto-
Johanni, pro redemptione anime sue, vivente W. Martelli,
abbate [13].

[1] Arnaud Raymond du Leu. — Voy. l'acte LXXX. — Arnaud Raymond du Leu est mentionné, comme témoin, dans l'acte de fondation de l'hôpital d'Ordios en 1151. (Voy. Arch. des Basses Pyrénées E. 289, fⁿ 17) — C'est par erreur que l'on trouve *deu Lacu*, au
lieu de *deu Leu*, *Gallia Christiania*, I, instr. p. 173) — Le même personnage est appelé Arnaut Arramon d'Ezluc, dans une charte de
la fin du XIᵉ siècle tirée du cartulaire de Lescar (Marca, *Hist. de
Béarn*, p. 384).

[2] Raymond d'Escos, curé de Camou. — Voy. les actes VII et
LXXXIX.

[3] By. — Voy. l'acte LXVII.

(¹) Gaston IV, vicomte de Béarn, 1088-1130. — Voy. — les actes VI, VIII, LIV, LVII, LXXXVIII, CXLVI, CXLVIII et CLII.

(⁵) La Bigorre (Hautes-Pyrénées).

(⁶) Fauquet du Leu est mentionné dans l'acte LXXX.

(⁷) Pour *veniens*.

(⁸) Arnaud de Camou déjà mentionné dans l'acte LXXXI.

(⁹) Vivien de Gramont. — Voy. les actes LXXIX, XCVII, C et CXLII.

(¹⁰) Garsie Raymond d'Arbouet. — Voy. les actes LXXIX, LXXXIII, XCVII et CXLII.

(¹¹) Pour *Raimundi*.

(¹²) Le fils de Garsie Raymond porta aussi le prénom de Raymond. — Voy. l'acte CXLII.

(¹³) Guilhem Martel, abbé de Sorde, 1119-1136. — Voy. les actes V, VII, LXXIV, LXXVII, LXXXI à XC, XCII, XCVI, XCVII, C, CIX à CXI, CXIV à CXVI, CXXX, CXXXVII, CXXXIX, CXL, CXLVI, CXLVIII et CLXXX.

C

Entre 1119 et 1136

DE TERRA GUASEN DE SENDOS (¹) QUAM DEDIT PRO NEPOTE SUO QUEM FECIT MONACHUM.

Guasen de Sendos quedam, probissima mulier et karitativa, habuit duos viros, ex quibus non habens filium vel filiam, excogitavit ut faceret aliquid lucrum anime sue. Et emit de proprio censu suo quasdam terras et viridaria, volens aliquam partem dare pro redemptione anime sue Deo et Sancto-Johanni. Ipsa vero habebat quendam nepotem (⁹) quem multum diligebat, pro quo inquirens W. Martelli, abbatem (⁸), ut reciperet eum et faceret monacum, qui oraret pro anima ejus, voluit dare partem quandam terre et viridariorum. Ipse autem abbas noluit facere. Illa vero interius veniens ad finem vite sue, inter multa alia dona, dedit terras et quoddam viridarium juxta viridarium Garsion de Abbatia (⁴). Mortua autem ipsa, Wilelmus Berguudi (⁵), frater ejus, contradixit quod ipse dederat, nisi Wilelmus, abbas, reciperet filium ejus mo-

nachum [6]. Abbas vero tandem, rogatus a parentibus filii
sui, videlicet Bibiano de Agrimonte [7], Wilermo Arnaldi de
Garris [8] et aliis parentibus, dixit se non recipere filium
in monachum, nisi daret de propria terra sua, quia pro
terra quam Guasen, soror sua, dederat, nolebat eum recipere. Quod ipse ad ultimum concedes [9] dedit de propria
terra sua unum viridarium et unam jornatam terre quam
abbas habebat in pignore de Arnaldo Sancti-Petri de Sendos [10] pro v solidis Morlanensis monete.

(1) Guasen de Saint-Dos est déjà mentionnée dans l'acte XCII.

(2) Ce neveu paraît avoir été Boniface de Saint-Dos, moine de
Sorde, que nous retrouverons dans les actes CXIII, CXXI et CLXXVIII.

— (3) Guilhem Martel, abbé de Sorde, 1119-1136. — Voy. les actes V,
VII, LXXIV, LXXVII, LXXXI à XC, XCII, XCVI, XCVII, CIX à CXI,
CXIV à CXVI, CXXX, CXXXVII, CXXXIX, CXL, CXLVI, CXLVIII et
CLXXX.

(4) Gassion d'Abbadie de Saint-Dos.

(5) Guilhem Bergon de Saint-Dos. — Voy. les actes LXXXIV et XCII

(6) Il s'agit de Boniface de Saint-Dos ci-dessus mentionné

(7) Vivien de Gramont. — Voy. les actes LXXIX, XCVII, XCIX et
CXLII.

(8) Guilhem Arnaud de Garris. — Voy. les actes LXXXI et XCVIII.

(9) Pour *concedens*.

(10) Le lieu appelé alors Saint-Pé de Saint-Dos est devenu Saint-
Pé-de-Léren, commune du canton de Salies, arrondissement d'Orthez (Basses-Pyrénées). — Arnaud de Saint-Pé-de-Léren est mentionné dans l'acte qui suit.

CI

Vers 1125

DE DONO W. B., FILIO B. DE PUIOU [1]

Quidam monachus, nomine Bernardus Piou, habuit terciam partem unius decimarii pro x solidis Pictavensis
monete, de Arnaldo Sancti-Petri [2], tam in decimis quam
in primiciis; obiens autem dimisit filio suo, Gilelmo Ber-

nardi. Filius autem ejus post mortem suam dedit Deo et
Sancto-Johanni ; insuper Gilelmus Bernardi emit decimam
sue domus de quodam homine, nomine Geraldo de Ben-
tressere, quam similiter dedit Deo et Sancto-Johanni. Erat
enim Geraldus supradictus unus particeps decimarium de
Podio Sancto-Johannis [3]. Fidejussores istius cause sunt
Arnaldus Faber et Geraldus Deussalengs.

[1] Bernard de Puyòo. — Puyòo est une commune du canton et
de l'arrondissement d'Orthez (Basses-Pyrénées).
[2] Arnaud de Saint-Pé-de-Léren — Voy. l'acte C. — Il vivait au
temps de l'abbé Guilhem Martel, 1119-1136.
[3] Cette église est mentionnée dans l'acte CVII. — Elle est dé-
truite, mais le nom de Pouy-Saint-Jean est resté celui d'un domaine rural situé dans la commune do Labatut. — Il y en a un
autre du même nom dans la commune de Cauneille, canton de Peyrehorade, arrondissement de Dax (Landes).

CII

Entre 1105 et 1119

DE VILLANO QUI EST IN CASTANHEDA [1]

Abbas Anerius [2] et omnes fratres, in capitulo, dederunt
a don Lob Gilem de Mans-Barraute [3] et d'Escoi [4] unum
casal in Castaneta, ubi fecit mansum, et quandam terram iu porta Lub Garsie cum quatuordecim jornatis
terre in ripera [5], ut esset sua et successoribus suis in
perpetuum. Ipse quoque debet dare fidejussores ad mandatum abbati, et censum duodecim panes et xii denarios
et duas concas et duos modios sicere et unam gallinam.
Istos duos modios eo anno quando habuerit vicem.

[1] Castagnède. — Voy. les actes LI et CLII.
[2] Aner, abbé de Sorde, 1105 à 1110. — Voy. les actes VIII, XXI,
XXII, XXXVI, XLIX à LII, LIV, LVII à LXI, LXIII, LXVII, LXVIII,
LXXVI, LXXVII, LXXX, LXXXVIII, XC, XCVI, CXIV et CLXII.
[3] Masparraute.
[4] Il faut peut-être lire Escot.
[5] En plaine.

CIII

DE ECCLESIA SANCTI-SEVERI DE MURO [1]

Notum sit omnibus hominibus, tam futuris quam presentibus, quod Sancius Aner et mulier sua, nomine Sancia, habebant quendam honorem, medietatem scilicet ecclesie Sancti-Severi de Muro, qui, divina inspiratione commoti, voluerunt eam dare Sancto-Johanni cum virgultis et cum terris, se ipsos et filium suum, Raimundum, etiam dederunt. Gener autem suus Navars insurrexit contra nos, et dixit illa omnia esse sua, usque nos duxit in placitum. In placitum vero fecimus finem in invicem in manu dompni Durii et uxoris sue, dando ei x solidos Pictavensis monete. Nos vero retinuimus solam ecclesiam, illi solum relinquentes virgulta et terras in vita sua et in vita mulieris sue.

[1] Saint-Sever de Mur. — Voy. l'acte LXXX.

CIV

DE ECCLESIA DE CAMER [1]

Brasc Gilem et Gassie Gilem de Camer e de Manz-Barraute [2] fuerunt fratres et habebant medietatem ecclesie Sancti-Martini de Camer, et illam medietatem diviserunt per medium. Brasc Gilem, die obitus sui, dedit Sancto-Johanni suam quartam partem.

[1] Came. — Voy. les actes CV et CXIX.
[2] Masparraute.

CV

Vers 1140

DONUM QUOD FECIT ABRINUS DE CAMER [1] ET FILIUS EJUS

Abrinus de Camer et Bernardus, filius ejus, et filii Bernardi, scilicet Arnaldus, Kanardus, Petrus, dederunt medietatem ecclesie Sancti-Martini de Camer Sancto-Johanni, tali pacto quod Wilelmus Bernardus [9], filius Bernardi, monachus fieret, et Deo gratias factus est, et quamdiu viveret medietatem illam teneret, unde sibi necessaria adquireret, insuper quod in honestiori loco in claustro gratis ossa sepelirentur.

[9] Came.

[9] Guilhem Bernard de Came est mentionné, comme moine de Sorde, dans les a tes CXIII et CXXI. Il devint abbé du monastère, 1167-1172. — Voy. les actes CXXVII, CLXXX et CLXXXI.

CVI

Entre 1150 et 1167

DE PLACITO SANCTI-FELICIS DE GARRIS [1]

Iterum venit Villelmus Raimundus de Salt [2] et uxor sua, filia Arnaldi de Leginge [3], surrexerunt contra Deum et Sanctum-Johannem et abstulerunt ecclesiam Sancti-Felicis de Garris, et venerunt ad finem; abbas Arnaldus [4] et alii fratres dederunt illis societatem in monasterio, sicut singulis monachis, insuper ducentos L solidos Morlanensis monete, tali conventu ut nec illi nec successores eorum non reclamarent in supradicta ecclesia de Garris. Et firmaverunt per manus Gilem Arramon de Ortes [5], P. Aurelie [6], Arremon Basc de Lane Bielle [7]; visores et testes Arnaldus Wilermi, episcopus Aquensis [8], Raimon de Agramont [9], Raimundus de Mans-Barrauto [10], Petrus de Casted-Tarbe [11], Arromieu de Usquen [12], Fortaner de Sieis, Pers de Seis, Arnaut Gillem de Sieis [13] et alii quamplures.

[1] Voy. l'acte LXXXVI.

[2] Il s'agit de Guilhem Raymond, vicomte de Sault-de-Navailles, déjà cité dans l'acte LVII.

(¹) Arnaud de Laguingo.—Voy. les actes VI, LXXXVI, CXVI et CLXXXI.
— (²) Arnaud Boniou, abbé de Sorde, 1150-1167. — Voy les actes IV, LXIV, CVIII, CXI à CXIII, CXVII, CXVIII, CXXI, CXXVIII, CXLII, CXLIII, CXLVIII, CLXV et CLXVII.

(³) Guilhem Raymond d'Ortes, cité dans les actes CXIII et CLXXXI, semble être le même que Guilhem Raymond, vicomte d'Orthe, mentionné dans l'acte CXII.

(⁴) Pierre Aurèle de Came, moine de Sorde. — Voy. les actes IV, LXXIX, CXII, CXXVIII et CXXIX.

(⁵) Raymond Basc ou Brasc de Lanevieille. — Lauevieille est un ancien fief dans la commune d'Amendeuix, canton de Saint-Palais, arrondissement de Mauléon (Basses-Pyrénées).

(⁶) Arnaud Guilhem de Sort, évêque de Dax, 1143-1167. — Voy. les actes IV, LXIV, CXII et CXLII.

(⁷) Raymond de Gramont, moine de Sorde. — Voy. les actes CXVII, CXVIII, CXXI, CXXVIII, CXXIX et CLXXX.

(⁸) Raymond de Masparraute, moine de Sorde. — Voy. les actes XCIII, CXIII, CXXI et CXXVIII.

(⁹) Castetarbe, quartier de la commune d'Orthez (Basses-Pyrénées).

(¹⁰) Romieu d'Usquain devint archidiacre d'Oloron.—Voy. l'acte CVIII.

(¹¹) Fortaner, Pierre et Arnaud Guilhem de Siest. — Siest est une commune du canton et de l'arrondissement de Dax (Landes). — Voy. l'acte CLVII.

CVII

DONUM TOTE D'ASTER CASAU

Tote d'Aster Casau dedit, die obitus sui, pro anima sua, Deo et Sancto-Johanni undecimam partem ecclesie de Pui-Sen-Johan (¹), scilicet undecimam de omnibus his que ad decimam veniunt, de his atque ad altare veniunt.

(¹) Puuy-Saint-Jean à Labatut, lieu déjà cité dans l'acte CI.

CVIII

Entre 1150 et 1167

DE SANCE FURT QUE EMIT IN ECCLESIA D'ARRIBAUTE (¹)

LIBROS ET ECCLESIASTICA ORNAMENTA

Arnaudus Boniou, abbas Sorduensis (²), et monachi comendaverunt ecclesiam de Arribaute cuidam femine, no-

uiile Sanco Furt, quatenus custodiret et colligeret tam
decimas quam reliqua omnia que de ecclesia illa ad Sor-
duensen ecclesiam spectant sive pertinent, et redderet
unoquoque anno quicumque colligere posset Sorduensi
ecclesie. Illa vero nichil inveniens de his que ad eccle-
siasticum pertinent honorem, scilicet tintinnabula, sacer-
dotalia vestimenta, libros, ampullas, calicem et turibulum,
dedit pro parte Sorduensi ecclesie, Lupo de Arribaute [3]
viginti solidos et unum Morlanensis monete in novem
aunis ut posset servire ecclesiam in sua ebdomada. Denique illa eadem femina, volens rixam et discordiam re-
movere de medio quem erat inter illam et illos qui
erant in abbatia, venit ante presentiam Arnaudi de Ysest,
Olorensis episcopi [4], et comparavit partem omnium supradictorum que ad Sorduensem ecclesiam pertinebat XI.
solidos Morlanorum monete persolvendo. Et ut hoc inperpetuum firmissime teneretur, dederunt illi qui erant in
abbatia fermes : Arnaut Arremon de Gietas [5], Gassia-Lub
de Usquen [6], ut nec ipsi nec successores eorum aliquam,
super hoc querelam moveret. Quod si fieret, concesserunt
dare c solidos Morlanensis monete per unam de les fermes et c per alteram et iusuper pactum tenere. Testes
et visores sunt : Arnaldus, Olorensis episcopus [7], et arci-
diacho ejus, Arromieu de Usquen [8], et omnes vicini de
Arribaute. Post aliquantulum temporis fractum fuit tintin-
nabulum iu ipsa ecclesia, ad cujus restaurationem dedit
illa mulier VIII solidos.

[3] Rivehaute. — Voy. les actes VIII et LXXXVIII.

[4] Arnaud Bonieu, abbé de Sorde, 1150-1167. — Voy. les actes IV,
LXIV, CVI, CXI à CXIII, CXVII, CXVIII, CXXI, CXXVIII, CXLII,
CXLIII, CXLVIII, CLXV et CLXVII.

[5] Loup ou Loupou de Rivehaute. — Voy. les actes VIII et
LXXXVIII.

[6] Arnaud II, d'Izeste, évêque d'Oloron, 1135-1168. — Izeste est
une commune du canton d'Arudy, arrondissement d'Oloron (Basses-Pyrénées.)

[7] Arnaud Raymond de Gestas. — Voy. l'acte LXXXVIII.

[8] Garsie Loup d'Usquain, déjà cité dans l'acte LXXXVIII.

(¹) Arnaud d'Izeste nommé quelques lignes plus haut.

(²) Romieu d'Usquain, archidiacre d'Oloron, mentionné déjà dans l'acte CVI.

CIX

Entre 1119 et 1136

DE ARNALDO DE AURIEBAT

Arnaldus de Auriebat accepit terram in fiu Paulit ab abbate, W. Martet (¹), de Sordua, et constituit dare censum III concas frumenti et III concas milii. Fidejussores sunt in perpetuum Petrus de Salmont (²) et Fortanerius. Testes sunt Jordanus, prior de Pontous (³), Wilelmus Bernardus de Senssac (⁴), Bertran de Poiane (⁵) et et omnes parrochiani.

(¹) Guilhem Martel, abbé de Sorde, 1110-1136. — Voy. les actes V, VII. LXXIV, LXXVII, LXXXI à XC, XCII, XCVI, XCVII, XCIX, C, CX, CXI, CXIV à CXVI, CXXX, CXXXVII, CXXXIX, CXL, CXLVI, CXLVIII et CLXXX.

(²) Saumont ou Saumon est un quartier de la commune de Saint-Jean-et-Saint-Pierre-de-Lier, canton de Montfort, arrondissement de Dax (Landes).

(³) Jourdain, prieur de Pontoux. — Pontoux est une commune du canton de Tartas, arrondissement de Saint-Sever (Landes).

(⁴) Guilhem Bernard de Sensacq. — Sensacq est une section de la commune de Miramont, canton de Geaune, arrondissement de Saint-Sever (Landes).

(⁵) Bertrand de Poyanne. — Poyanne est une commune du canton de Montfort, arrondissement de Dax (Landes).

CX

1135 ou 1136

DE FORTANER DE AURIEVALLE

Fortaner de Aurievalle possidebat injuste terram que est juxta ecclesiam de Paulit, venit ergo Wilelmus Marted (¹) ad W. de Falgars, Aquensem episcopum (²), et conquestus est ei de hac violentia quamobrem excomunicatus est ab ipso. Post multum vero temporis, infirmatus est in illa excomunicatione. Dum igitur infirmaretur venerunt ad eum episcopus et abbas et dimisit eis terram in perpetuum. Fidejussores sunt Bernardus de Senssac [3] et Petrus de Pressac [4]. Proppter hoc etiam dedit illi abbas VIII solidos Morlanensis monete et VIII nummos.

— (1) Guilhem Martel, abbé de Sorde, 1119-1136 — Voy. les actes V, VII, LXXIV, LXXVII, LXXXI à XC, XCII, XCVI, XCVII, XCIX, C, CIX, CXI, CXIV à CXVI, CXXX, CXXXVII, CXXXIX, CXL, CXLVI, CXLVIII et CLXXX.

(2) Guilhem de Heugas, évêque de Dax, 1135-1143. — Voy. les actes LXXXI, LXXXIII, LXXXVII et CXI.

(3) Voy. l'acte CIX.

(4) Voy. l'acte XLIX.

CXI

1135 ou 1136

DE ARNALDO DE CAUDOOSSE [1]

Arnaudus de Caudosse habebat quartam partem in ecclesia Sancti-Johannis de Paulit, Wilelmus de Faugars, Aquensis episcopus [2], venies [3] in Auriam Vallem [4], mandavit abbati Wilelmo Marted [5] et A. Boniou [6], suo monacho, quatenus darent sibi refectionem quam debebant pro ecclesia. Abbas hoc audiens movit supradictum A. de Caudosse quatenus persolvent [7] quartem partem refectionis pro quarta parte ecclesie quam possidebat. Ipse vero, nimia paupertate coactus, non valens partem suam solvere, dimisit ei quicquid habebat in ecclesia, preter frumentum et milium et segle, tali pacto quatenus abbas et ejus successores sibi et suis hanc cenam solvant. Fidejussores tenet abbas Senerou de Gaosse [8], A. de Auriebat [9].

(1) Coudosse est un quartier de la commune de Gamarde, canton de Montfort, arrondissement de Dax (Landes).

(2) Guilhem de Heugas, évêque de Dax, 1135-1143. — Voy. les actes LXXXI, LXXXIII, LXXXVII et CX.

(3) Pour *veniens*

(¹) Auribat.

— (²) Guilhem Martel, abbé de Sorde, 1110-1136. — Voy. les actes V, VII, LXXIV, LXXVII, LXXXI à XC, XCII, XCVI, XCVII, XCIX, C, CIX, CX, CXIV à CXVI, CXXX, CXXXVII, CXXXIX, CXL, CXLVI, CXLVIII et CLXXX.

— (³) Arnaud Boniou, d'abord moine puis abbé de Sorde en 1150. — Voy. les actes IV, LXIV, LVI, CVIII, CXII, CXIII, CXVII, CXVIII, CXXI, CXXVIII, CXLII, CLXIII, CXLVIII, CLXV et CLXVII.

(⁴) Pour *persolverel*.

(⁵) Gousse dans la seigneurie d'Auribat. C'est une commune du canton de Montfort, arrondissement de Dax (Landes).

(⁶) Arnaud d'Auribat figure déjà dans les actes XLIX et CIX.

CXII

Entre 1156 et 1167

DE PLACITO BONIFACII D'ORIST (¹)

Bonifacius de Orist fecit finem cum abbate, Arnaudo Boniou (²), Sancti-Johannis de Sordua, et Amato de Mor et Raimundo de Agramont et cum aliis monachis ejusdem loci, de quarta parte quam habebat Sanctus-Johannes in Sancto-Petro de Orist (³) et de medietate tercie partis quam habebat in Sancto-Saturnino de Tui (⁴), que omnia abstulerat Sancto-Johanni, instigante diabolo. Dedit ergo abbas ei et alii monachi cc solidos Morlanensis monete et quinquaginta Pictavensis monete, finem faciendo. Cum itaque velled reddere omnia que injuste abstulerat, non potuit quoniam Petrus de Bilenna tenebat partem unam decimo in pignore pro viginti solidis Morlanensis monete, quod tamen Bonifacius negabat. Verumtamen cum eam nullo modo recuperare et reddere posset, rogavit multum abbatem et monachos quatenus solverent illos viginti solidos, quod et fecerunt. Item Arnaudus Wilelmus, Aquensis episcopus (⁵), tenebat ipsum Bonifacium et suam familiam excomunicatos pro hoc eodem malefacto et interim obiit filius ejus, Dotat nomine, major natu. Facta igitur pace et fine cum abbate et monachis, voluit Bonifucius sepelire filium suum, et non permisit episcopus, quousque sibi dedit abbas loco Bonefacii xv solidos Morlanensis monete. Sunt omnes numini cc xxxv solidi Morlauensis monete et quinquaginta Pictavensis monete. Et ut hoc in perpetuum firmissime teneretur dedit Bonifacius et filius ejus, Bernardus, fidejussores abbati et monachis pro se suisque successoribus, videlicet W. Amaniu de Beros, Vitalem de La Case, seipsum et filium suum, Bernardum. Abbas quoque cum monachis dedit Bonefacio beneficium ecclesie in vita et in morte, sicut uni de monachis et sepulturam in claustro. Factum est hoc coram Arnaldo W., Aquensi episcopo, et Wilelmo Raimundo, vicecomite de Aorta [6], Petro Aurele [7], Bernardo de Pui, Kanardo de Berraute [8], Petro de Bilennar et aliis quampluribus. Debet etiam abbas dare, pro episcopali convivio, iii obolos Morlanensis monete, iii panes, unum quartaul de pomade, mediam concam milii.

[1] Voy. l'acte XXV.

— [2] Arnaud Boulou, abbé de Sorde, 1150-1167. — Voy. les actes IV, LXIV, CVI, CVIII, CXI, CXIII, CXXVII, CXVIII, CXXI, CXXVIII, CXLII, CXLIII, CXLVIII, CLXV, et CLXVII.

[3] Voy. l'acte XXV.

[4] Voy. l'acte XXV.

[5] Arnaud Guilhem de Sort, évêque de Dax, 1143-1167. — Voy. les actes IV, LXIV, CVI et CXIII.

[6] Guilhem Raymond, vicomte d'Orthe, 1156-1170. — Voy. les actes CVI, CVIII et CLXXXI.

[7] Pierre Aurèle de Came, moine de Sorde, cité dans les actes IV, LXXIX, CVI, CXII, CXXVIII et CXXIX.

[8] Cagnard de Berraute. — Berraute est une section de la commune de Domezain, canton de Saint-Palais, arrondissement de Mauléon (Basses-Pyrénées).

CXIII

Entre 1150 et 1167

DE VENDICIONE QUAM FECIT B. DE LE CASSIE [1]

Bernardus de Le Cassie fuit quidam juvenis quem exoculavit Albiro de Agramont [2] pro quodam suo consanguineo, scilicet Semero de Bastan [3], quem sibi interfecerat sicut ipsa asseverabat. Hic igitur Bernardus, ad magnam egestatem veniens, totam terram quam jure hereditario in Sanctam-Susannam [4] possidebat, quam tamen cum fratre suo, Petro de Baiona [5], per medium diviserat, vendidit pro LIII solidis Morlanensis monete Arnaudo Boniou [6], abbati Sancti-Johannis de Sordua, et hoc, in capitulo, in presentia fratrum suorum, scilicet Amati de Mor [7], Raimundi de Agramont [8], Raimundi de Mazbarraute [9], Bonifacii de Sendos [10], Martini de Sordua [11], Petri de Oloron [12], W. Bernardi de Camer [13] et reliquorum monachorum. Hujus vendicionis fuit fidejussor Wilelmus Raimundus de Ortes [14]. Testes et visores sunt Petrus de Ortes, Dodo de Baure [15], Gassiou de Fou [16] et omnis populus de Sancta-Susanna. Notandum etiam est quod tota terra utriusque fratris erat tributaria.

[1] Bernard de La Cassie est mentionné dans l'acte CXLVIII.

[2] Elvire de Gramont.

[3] La vallée de Bastan, située en Espagne, est contigue et parallèle à la vallée de Baïgorry, arrondissement de Mauléon (Basses-Pyrénées). — On trouve dans le cartulaire, dit *Livre d'Or de Bayonne* (Arch. des Basses-Pyrénées, G. 54, f° 30), la mention de la mort violente de Semen Sans, parent de Semen Garsie, seigneur de Bastan, vers 1130. Mais nous n'affirmons pas que Semero soit le même que Semen Sans.

[4] Sainte-Suzanne. — Voy. les actes LXII, LXXIII, LXXXI et CLXXXI.

[5] Pierre de Bayonne figure aussi dans l'acte CXLVIII.

[6] Arnaud Boniou, abbé de Sorde, 1150-1167. — Voy. les actes IV, LXIV, CVI, CVIII, CXI, CXII, CXVII, CXVIII, CXXI, CXXVIII, CXLII, CXLIII, CXLVIII, CLXV et CLXVII.

[7] Amat de Mor, moine de Sorde. — Voy. les actes IV, LXIV, CXII, CXVII à CXIX, CXXI, CXXVIII à CXXX, CLXVI, CLXXVIII à CLXXX et CLXXXII.

[8] Raymond de Gramont, moine de Sorde. — Voy. les actes CVI, CXVII, CXVIII, CXXI, CXXVIII, CXXIX et CLXXX.

[9] Raymond de Masparraute, moine de Sorde. — Voy. les actes XCII, CVI, CXXI et CXXVIII.

[10] Boniface de Saint-Dos, moine de Sorde. — Voy. les actes C, CXXI et CLXXVIII.

[11] Martin de Sorde, moine et prieur de l'abbaye de Sorde. — Voy. les actes CXXI, CLXVI, CLXXVIII et CLXXIX.

(¹²) Pierre d'Oloron.

(¹³) Guiluhem Berard de Came, moine de Sorde. — Voy. les actes CV et CXXI.

(¹⁴) Guilhem Raymond d'Orthe. — Voy. les actes CVI et CLXXXI.

(¹⁵) Dodon de Baure mentionné aussi dans l'acte CLXXXI.

(¹⁶) Gassion de Hou — Hou est un ancien fief dans la commune de Loubieng, canton de Lagor, arrondissement d'Orthez (Basses-Pyrénées.)

CXIV

Entre 1119 et 1136

DONUM GARSIE BELCE QUOD FECIT DE ECCLESIA D'URT ⁽¹⁾

Garsie Belce de Aurt e de Orcuit ⁽²⁾ dedit Deo et Sancto-Johanni ⁽³⁾ Sordua, pro anima sua et parentum suorum, in presentia domni Anerii, abbatis ⁽⁴⁾, partem illam quam habebat in ecclesia Sancti-Pauli de Aurt, et abbas recepit eum in beneficiis ecclesie et sepelivit honorifice. Et est sciendum cujusmodi partem habebat in ecclesia : Tocius decime quarta pars est Baionensis ecclesie. Tres partes qui remanent dividuntur in quatuor partes et ex istis tres dartes erant Garsie Belce et istas dedit Sancto-Johanni. Longo tempore evoluto, insurrexit Lope Harse, filius suus, et abstulit violenter patris donum. Ipse vero, excommunicatione coactus, reddit Sancto-Johanni ad integrum quod violenter abstulerat. Insuper etiam dedit septem terras quas habebat in Aurt, tali pacto quod sepeliret eum Wilelmus Martelli ⁽⁵⁾, abbas, similiter quod reciperet et nutriret quendam suum filium quem habebat nothum ex concubina, nomine Garssiam, et iste, quamdiu viveret, serviret Sorduensi ecclesie, et ita factum est. Sed tamen Lope Harse, cum obiit, sepultus fuit in Orcuit et sepelivit eum Wilelmus Martelli ad preces parentum, qui non potuerunt portare mortuum ad monasterium. Testes et visores fuerunt : Johannes, sacerdos de Orcuit, Bernardus de Orcuit, filii ejus, scilicet Fortet, Wilelmus [5], Arnaldus, Raimundus [6], Baionensis canonicus.

[1] Urt, commune du canton de La Bastide-Clairence, arrondissement de Bayonne (Basses-Pyrénées.)

[2] Urcuit, commune du canton de Bayonne-Nord-Est, arrondissement de Bayonne (Basses-Pyrénées).
— [3] Aiuer, abbé de Sorde, 1105-1119. — Voy. les actes VIII, XXI, XXII, XXXVI, XLIX à LII, LIV, LVII à LXI, LXIII, LXVII, LXVIII, LXXVI, LXXVII, LXXX, LXXXVIII, XC, XCVI, CII, CXIV et CLXII.
— [4] Guilhem Martel, abbé de Sorde, 1105-1119. — Voy. les actes V, VII, LXXIV, LXXVII, LXXXI à XC, XCII, XCVI, XCVII, XCIX, C, CIX à CXI, CXV, CXVI, CXXX, CXXXVII, CXXXIX, CXL, CXLVI, CXLVIII à CLXXX.

[5] Guilhem d'Urcuit fut chanoine de Bayonne. On trouve dans le *Livre d'Or de Bayonne* fo 8 (Arch. des Basses-Pyrénées, G. 54.) l'acte suivant :

Ego W. professus sum me canonicum Sancte-Marie (Baionensis) in presentia dompni Raimundi, Auxiensis archiepiscopi, deditque pater meus pro me quartam partem decime Sancti-Stephani de Auricocta (Urcuit) et medium casale in villa ipsa.

Raymond II, archevêque d'Auch, occupa ce siège de 1096 à 1118.

[6] Raymond d'Urcuit, chanoine de Bayonne, et cité dans le *Livre d'Or de Bayonne*, fo 17, au temps de Guilhem Bertrand, évêque de Dax (1167-1193).

CXV

Entre 1136 et 1147

DONUM PISCATURE DE PORTU DE URT [1]

Sancius Garsias, vicecomes de Labort, et uxor sua, Regina Tota [2], dederunt Deo et Sancto-Johanni, pro animabus suis et pro victoria duelli, quod fecit in Navarra, jus totum piscature quod habebant in portum de Aurt. Jus autem piscature tale erat : piscatores quicunque piscabantur ibi omnes simul dabant unum lardum primi creag [3], lardum hunc dederunt Sancto-Johanni. Post mortem Sancii Garsie et uxoris ejus, post mortem et Garsie

Sancii [1], filii sui, conquesti sunt piscatores de Aurt Wilelmo Martelli [5], abbati Sorduensi, quod latnes [6] de Labort e de Arberoe furabantur sibi naves, et sic piscature tempus et lucrum ammitebant, nec aliquam inde poterant justiciam consequi. Verumtamen, comunicato cum abbate consilio, venerunt abbas [7] et piscatores ad Bertrandum [8] qui tunc erat vicecomes de Labort, dederuntque sibi et suis in perpetuum secundo loco alium lardum et hoc tali pacto ut daret eis legem terre. Lex autem terre hec est : Qui navem furabatur, cum erat deprehensus sive convinctus furto, condempnabatur et reddebat domino navis tantum quantum unus de piscatoribus cui melius piscando contigerat in unamquamque aguade diei habuerat, donec rederet navem. similiter in unaquaque ebdomada ovem unam sterilem

[1] Cet acte a été analysé par M. Balasque (*Études hist. sur Bayonne*, I, p. 71.), et publié aux preuves (p. 397).

[2] Sanche Garsie, vicomte de Labourd, marié à Regina Tota, fille de Fortun Sanche, vicomte de Labourd ; Regina Tota hérita de la vicomté postérieurement à l'année 1060.

[3] Esturgeon.

[4] Garsie Sanche, vicomte de Labourd, mort avant l'année 1140. — Il a déjà été mentionné dans l'acte LXXXI.

[5] Guilhem Martel, abbé de Sorde, 1119-1136. — Voy. les actes V, VII, LXXIV, LXXVII, LXXXI à XC, XCII, XCVI, XCVII, XCIX, C, CIX à CXI, CXIV, CXVI, CXXX, CXXXVII, CXXXIX, CXL, CXLVI, CXLVIII et CLXXX.

[6] Pour *latrones*.

[7] Il s'agit ici du successeur de Guilhem Martel, Arnaud d'Izeste, abbé de Sorde de 1136 à 1147.

[8] Bertrand, vicomte de Labourd, 1140-1170.

CXVI

Entre 1119 et 1136

DE DONO DECIME DE MIREPEIS [1]

Espanou de Labort [2], inter cetera dona que dederat Sancto-Johanni, dedit etiam totam decimam de Mire-Peis.

7

in presentia Wilelmi Martelli [3], abbatis, et omnium monachorum ; abbas quoque, cum consilio ejusdem et monacorum, dedit decimam illam ad opera monasterii. *Post*
mortem Espanou successit Arnaldus de Leginge [4] qui similiter donum concessit. Mortuo quoque Arnaudo de Leginge, successit Milescut, filia Arnaut Bake, domina
Fundi [5], que similiter donum firmavit. Sciendum autem
quod Arnaut Baque emit Mire-Peis a domino de Ga-
rosse [6], scilicet Bornem. Verumtamen constat Mirepeis nec
fuisse nec esse de decimatione de Guissen [7].

(1) Mirepoix est le nom d'une île de l'Adour qui dépend de la
commune de Sainte-Marie, canton de Saint-Vincent-de-Tyrosse, arrondissement de Dax (Landes). — Mirepeix est à l'embouchure de
la Bidouze en face de la commune de Guiche.

(2) Espagnol de Labourd, mentionné dans l'acte LXXXVI.

(3) Guillhem Martel, abbé de Sorde, 1119-1130. — Voy. les actes V,
VII, LXXIV, LXXVII, LXXXI à XC, XCII, XCVI, XCVII, XCIX, C,
CIX à CXI, CXIV, CXV, CXXX, CXXXVII, CXXXIX, CXL, CXLVI,
CXLVIII et CLXXX.

(4) Arnaud de Laguinge. — Voy. les actes VI, LXXXVI, CVI et
CLXXXI.

(5) Peut-être Hon, quartier de la commune de Gaujacq, canton
d'Amou, arrondissement de Saint-Sever (Landes).

(6) Gayrosse. — Voy. l'acte XLVIII.

(7) Guiche.

✝ CXVII

Entre 1150 et 1167

DONUM COMDESSE DE DOMEZANGH [1]

Comdesse de Domezan, soror Espanou [2], dedit, pro anima
sua et pro sepultura, Sancto-Johanni de Sordua unum
casau, propo lo casau de Couteid, cum omnibus terris
que pertinent ad illud casau. Sunt autem VI jornate,
excepto lo casau, una est inter terram deu casau Moco
de Corrau, et inter terram de casau Brase d'Arrodel,

aliam est inter duas terras deu casau Avarheet de Media-Villa, tercia est a Pom Ferran inter terram deu casau de Cumlider et inter terram deu casau similiter de Media-Villa, quarta est a Cassieit.

Transacto tempore aliquantulo, venit Martinus Sancii, filius Espanou de Domezan, et nepos predicte ·Comdesse, et abstulit ejus donum. Tempore iterum procedente, obiit domina Maria, mater Martini Sancii, et voluit eam sepelire in claustro filius suus, sed abbas Arnaudus Boniou [3] et Amatus de Mor [4], Raimundus d'Agramont [5] et alii monachi non permiserunt eam in claustro sepeliri, donec reddidit donum ablatum et concessit Sancto-Johanni in perpetuum, mitendo missale super altare. Testes et visores sunt : Arremir de Urdassen, Bernard Maester de Urdassen, Lobet d'Arberaz [6], Petrus de Beguios [7] et omnes viri probissimi de Amixa [8], qui sepulture interfuerunt, similiter de Sordua : Guilhem Arnaud deu Berger [9], Elyas [10], Guilhem Savarig, Per Guilem, Per Arromieu [11] et alii multi.

[1] Domèzain.

[2] Espagnol de Domezain, mentionné déjà dans les actes LXXXVI, XCII et XCVII.

— [3] Arnaud Boniou, abbé de Sorde, 1150-1167. — Voy. les actes IV, LXIV, CVI, CVIII, CXI à CXIII, CXVIII, CXXI, CXXVIII, CXLII, CXLIII, CXLVIII, CLXV et CLXVII.

— [4] Amat de Mor, moine de Sorde. — Voy. les actes IV, LXIV, CXII, CXIII, CXVIII, CXIX, CXXI, CXXVIII à CXXX, CLXVI, CLXXVIII CLXXX et CLXXXII.

[5] Raymond de Gramont, moine de Sorde. — Voy. les actes CVI, CXIII, CXVIII, CXXI, CXXVIII, CXXIX et CLXXX.

[6] Loubet d'Arbérats déjà cité dans l'acte LXXIX.

[7] Des membres de cette famille sont mentionnés dans les actes LVII, LXXIX, LXXXIII, CLVIII, CLIX et CLXXXII.

[8] Les nobles du pays de Mixe. — Voy. les actes LIX et XCVII.

[9] Guilhem Arnaud du Berger est mentionné dans les actes CLXV, CLXXIX et CLXXXII.

[10] Hélie de Sorde, cité dans les actes CLXVI, CLXXIX et CLXXXII.

[11] Pierre Romieu figure dans les actes CLXVI et CLXXIX.

CXVIII

Avant 1170

DONUM R. DE ARREURA [1]

Johannes de Sancto-Pantaleone [2] fuit dominus de Postiz [3] et obiit sine herede. Post mortem ejus, Raimundus de Arreura, nepos suus, filius sororis sue, habuit totam terram de Postiz, jure hereditario. Raimundus quoque. cum non habuit nec posset habere legitimum filium, dedit totam terram de Postiz illam secum Sancto-Johanni, ut fieret monachus. Receperunt itaque eum abbas Arnaudus Boniou [4], Amatus de Mor [5], Raimundus d'Agramont [6] et alii monachi et concesserunt ei beneficium ecclesie in vita et in morto, sicut uni. de fratribus. Insuper dederunt ei c solidos Pictavensis monete. Sciendum autem quod terra illa erat censualis ; redebat enim Sancto-Johanni sicut uni de rusticis ejusdem ville. Ad ultimum in monasterio diu commoratus ibidem vitam finivit anno M° C° LXX°.

[1] Il y a dans la commune de Peyrehorade un domaine du nom de *Larégel*.
[2] Saint-Pandelon.
[3] Poustis, dans la commune de Peyrehorade, arrondissement de Dax (Landes). — Voy. l'acte CLXXVIII.
— [4] Arnaud Boniou, abbé de Sorde, 1150-1167. — Voy. les actes IV, LXIV, CVI, CVIII, CXI à CXIII, CXVII, CXXI, CXXVIII, CXLII, CXLIII, CXLVIII, CLXV et CLXVII.
— [5] Amat de Mor, moine de Sorde.— Voy. les actes IV, LXIV, CXII, CXIII, CXVII, CXIX, CXXI, CXXVIII à CXXX, CLXVI, CLXXVIII à CLXXX et CLXXXII.
[6] Raymond de Gramont, moine de Sorde. — Voy. les actes CVI, CXIII, CXVII, CXXI, CXXVIII, CXXIX et CLXXX.

CXIX

Vers 1150

DONUM W. DE SANCTO-MARTINO DE CAMER [1]

Gilelmus de Sancto-Martino de Camer dedit libere Deo et Sancto-Johanni quartam partem altaris Sancti-Martini de Camer [1], tali pacto quod ille qui de ejus projenie decimam possederit ecclesie, servitium faciat, monachi quoque concesserunt ei in claustro gratis sepulturam, et uxori ejus extra in cimiterio, ubi mallet, beneficium etiam anime utriusque, sicut uni de fratribus. Firmaverunt itaque donum ipse, uxor, filii, propinqui, per manum Arnaldi de Camer [3] et Wilelmi, Peregrini filii, ut nec ipsi nec eorum successores huic donationi prejudicent. Quod si forte fecerint, ccc solidos Morlanensis monete per manum Wilelmi de Camer dent et insuper donum teneant. Hoc factum est in present'a Amati de Mor [4], Arnaldi Peregrini [5], Wilelmi Arnaldi de Salies et aliorum fratrum. Testes et visores sunt : Wilelmus Garsias de Berraute [6], Franca, Ville domina [7], Petrus de Camer, Bernardus Amati, Wilelmus Rex [8] et alii plures.

[1] Came.

[3] L'église de Saint-Martin de Came est mentionnée dans les actes CIV et CV.

[4] Arnaud de Came. — Voy. les actes CV et CLV.

— [5] Amat de Mor, moine de Sorde. — Voy. les actes IV, LXIV, CXII, CXIII, CXVII, CXVIII, CXXI, CXXVIII à CXXX, CLXVI, CLXXVIII à CLXXX et CLXXXII.

[6] Arnaud Pélerin, de Salies, moine de Sorde, figure aussi dans les actes CXXIX et CLXXIX.

[6] Berraute, section de la commune de Domezain.

[7] La présence d'une femme parmi les témoins n'est pas un fait insolite. Nous pensons qu'il faut traduire, Franque, dame de Viellé. — Viellé est un hameau de la commune de Habas. canton de Pouillon, arrondissement de Dax (Landes).

[8] Guilhem Rey. — Il y a encore un domaine du nom de Rey dans la commune de Sorde.

CXX

Entre 1200 et 1212

DIFINITIO CONTROVERSIE QUE FACTA FUIT SUPER NASSAM QUAM FACIUNT IN FLUMEN [1] ILLI D'URDAIXEN ET DE GORON.

Quoniam mater dissensionis est ob'ivio, idcirco presentibus et futuris scripture testimonio comendamus quod Sanc-

tus-Johannes, preter sextam partem quam habet in nassa
quam faciunt in flumine illi de Urdassen et de Goron, habebat libere quicquid capiebatur in predicta nassa, in nocte
Ramis Palmarum et in nocte Pasche et in nocte Ascensionis Domini et in nocte Pentecostes et in nocte Nativitatis
sancti Johannis-Baptiste. Tempore autem A. Wilelmi de Biran [1], abbatis Sancti-Johannis, Bernarda de Quatraz et Guitardus, maritus ejus, et Wilelmus Garsias, filius Arnaldi de
Urdassen, domini de Curtin-Casal [3], et Raimunda de Big [4]
et de Goron et coheredes sui, suggerente diabolo, negave-
runt Sancto-Johanni jus piscationis predictarum v noctium.
Quamobrem pignoravit eos abbas et ideo venerunt ante
illum, asserentes quod injuste pignoraverat eos, cum pis-
cationem illarum quinque noctium non deberet habere.
Tandem abbas, cum consilio fratrum suorum, dedit eis
optionem. ut duo de melioribus qui partem in jamdicta
nassa habebant juramento assererent quod Sanctus-Johannes illud jus nec habuerat nec habere debebat, vel duo
de fratribus ejusdem loci contrarium juramento firmarent.
Illi autem, habito inter se consilio, jurare nolentes, res-
ponderunt quod duorum fratrum juramenta reciperent.
Fratribus vero ad sacramentum prestandum paratis, ipsi
quatuor noctes Ramis, Pasche, Ascensionis et Pentecostes
Sancto-Johanni in prefata nassa libere et sine omni contradictione perpetuo concesserunt. Abbas autem et fratres,
ad preces proborum virorum qui aderant, pro pace ha-
benda, quintam noctem dimiserunt. Fidejussor hujus com-
positionis, ex parte Bernardo de Quatras et Wilelmi Garsie est W. Arnaldus de Laruo [5]; ex parte vero Raimunde
et suorum coheredum fidejussor est Bernard de La Cam-
paic [6], quod nunquam ipsi nec aliqui de eorum projenie
contradicant jus istud Sancto-Johanni. Testes et visores
sunt hujus rei : Per Arnal de Sen-Cric [7], R. Gassie de
Bortes, Arnaldus de Laruo, A. de La Fite, Bernard
W. d'Arius, Per de La Fite, Bidal de Cassaver, Per
Arnald del Berger, Raimon Arnald de Sen-Per, Bernard

de l'Abadie de Leren [8], Bernard del Barat [9] et plures alii.

(1) Le Gave d'Oloron.

— (2) Arnaud Guilhem de Biran, abbé de Sorde, 1200-1212. — Voy. l'acte CLIII.

(3) Arnaud d'Urdaix, clerc, figure dans l'acte LXXV.

(4) Bic, domaine indiqué sur la carte de Cassini dans la commune de Labatut, canton de Pouillon, arrondissement de Dax (Landes).

(5) La carte de Cassini indique un hameau appelé *La Rue du Busc* sur le territoire de Labatut, canton de Pouillon, arrondissement de Dax (Landes). Il y a, du reste, plusieurs quartiers de ce nom.

(6) Bernard de La Campagne.

(7) Pierre-Arnaud de Saint-Cricq, chevalier. — Voy. l'acte CLXVIII.

(8) Bernard de Léren ou de l'Abbadie de Léren est cité dans l'acte CLVIII.

(9) Bernard du Barat. — Voy. l'acte CXXV. — Le Barat est un ancien fief dans la commune de Saint-Dos.

CXXI

Entre 1150 et 1167

DE DONO QUOD FECERUNT LOPE DE OYZ [1] ET UXOR SUA DE SANCTO-JUSTO [2]

Lope de Oyz et uxor sua, Sansa, dederunt se Deo et Sancto-Johanni cum omni terra sua de Sancto-Salvatore [3], juxta Sanctum-Justum, tali pacto quod quantum vellent venirent ad ecclesiam Sancti-Johannis de Sordua et duretur eis victus et vestitus secundum quod possibilitas monasterii sustinere posset. Hoc autem factum est in presentia Arnaldi Bonio [4], abbatis, et fratrum ejus, videlicet R. de Agramont [5], Amati de Mor [6], R. de Mauz-Beraute [7], Bonifacii de Sendos [8], Wilelmi B. de Camer [9], Martini [10] et aliorum fratrum, in presentia etiam Johannis de Bolunce [11], Arnaldi de Lecarre [12], Bergundii d'Ufart [13] et multorum aliorum probissimorum virorum. Insuper etiam

A. Bonio, abbas, et alii fratres dederunt Lope et uxori sue xxx solidos Morlanensis monete, et ipse Lope et sua uxor affirmaverunt donum per manum A. de Sevis[14] et Garsie de Barsaval[15], ut amplius nec ipsi nec aliqui alii, sive essent de suo genere, sive non, nequaquam auferent illam terram Sancto-Johanni, immo semper debitam investituram Sorduense monasterium habens per manum istorum supradictorum virorum, salvam et tranquillam haberet in pace possessionem.

[1] Loup d'Ohix. — Ohix est un domaine de la commune d'Ordiarp, canton et arrondissement de Mauléon (Basses-Pyrénées).

[2] Saint-Just-Ibarre, commune du canton d'Iholdy, arrondissement de Mauléon.

[3] La chapelle de Saint-Sauveur sur la limite des communes de Lécumberry et de Mendive, canton de Saint-Jean-Pied-de-Port, arrondissement de Mauléon.

[4] Arnaud Boniou, abbé de Sorde, 1150-1167. — Voy. les actes IV, LXIV, CVI, CVIII, CXI à CXIII, CXVII, CXVIII, CXXVIII, CXLII, CXLIII, CXLVIII, CLXV et CLXVII.

[5] Raymond de Gramont, moine de Sorde — Voy. les actes CVI, CXIII, CXVII, CXVIII, CXXVIII, CXXIX et CLXXX.

[6] Amat de Mée, moine de Sorde. — Voy. les actes IV, LXIV, CXII, CXIII, CXVII à CXIX, CXXI, CXXVIII à CXXX, CLXVI, CLXXVIII à CLXXX et CLXXXI.

[7] Raymond de Masparraute, moine de Sorde. — Voy. les actes XCIII, CVI, CXIII et CXXVIII.

[8] Boniface de Saint-Dos, moine de Sorde. — Voy. les actes C, CXIII et CLXXVIII.

[9] Guilhem Bernard de Came, moine puis abbé de Sorde. — Voy. les actes CV, CXIII, CXXVII, CLXXX et CLXXXI.

[10] Martin de Sorde, moine de Sorde. — Voy. les actes CXIII, CLXVI, CLXXVIII et CLXXIX.

[11] Jean d'Olhonce. — Voy. les actes VII et CLXXX.

[12] Arnaud de Lacarre déjà cité à l'acte LXXXV.

[13] Bergon d'Uhart (Cize).

[14] A. de Cibits. — Cibits est une section de la commune de Larceveau.

[15] Il faut lire Larsabal, c'est aujourd'hui Larceveau. — Voy. l'acte VII.

CXXII

DE ECCLESIA ET DECIMA DE BEYRIE [1]

Notum habeant presentes et futuri quod Sanctus-Johannes de Sordua habet in parrochia Sancti-Juliani de

Beire, iu Amixa [1], decimam omnium terrarum de La
Sale [2], excepta terra de Lucue [4], decimam omnium rerum domus de La Sale, et habet etiam totam decimam
de Aztoquie, et habet medietatem decime de Albiztorie [3],
et habet medietatem decimarum omnium ceterorum ipsius
parrochie et habet totam decimam de Ancie [6]. De capellania percipit Sanctus-Johannes similiter medietatem
omnium oblationum trium festorum, scilicet sancti Juliani,
Omnium Sanctorum, Nativitas Domini, candelis acceptis;
habet etiam ibidem quartam partem omnium primiciarum,
excepta primicia domus de Le Sale, que tota est capellani. Capellanus vero habet primicias et decimas domus
de Ihure [7]. Amplius etiam habet ibi Sanctus-Johannes quam
debet ibi ponere et eligere capellanum tanquam coheres
patronus et hii in uno anno et in altero dominus de
Le Sale et ita mutuo. Debet etiam secundus capellanus,
in anno Sanctis-Johannis, ubicunque sibi placuerit habitare, Sanctus vero Johannes et dominus de Le Sale debent dare arciut episcopo Aquensi annuatim, si episcopus eis mandavit, ita quod pares et communes faciant
expensas. Ita pro quarta dat Sanctus-Johannes episcopo XII
denarios Morlauensis monete, et domus de Le Sale totidem. Sanctus-Johannes dedit fidantiam domum de Lar-
ran domino domus de Le Sale, et ipse dedit fidanciam
domum de Pudchuete Sancto-Johanni ne injurientur sibi
invicem in predictis.

Beyrie près Saint-Palais.

[2] Le pays de Mixe.

[3] La Salle, ordinairement maison seigneuriale.

[4] Sur le territoire de Saint-Palais et sur la limite de Beyrie se
trouve le domaine de Lucu-Mendy.

[5] Domaine situé dans la commune de Beyrie. — La carte du
Dépôt de la guerre porte par erreur *Ablustori*.

[6] Aincy, hameau de la commune de Beyrie.

[7] Peut-être le domaine d'Inhurry, à Beyrie, indiqué sur la carte
de l'arrondissement de Mauléon par Perret.

CXXIII

DE ECCLESIA SANCTI-SATURNINI DE GENSANE [1]

Ecclesia et tota decima parrochia [2] Sancti-Saturnini de Gensane est Sancti-Johannis de Sordua, nec debet inde episcopo Aquensi quartam vel arciut.

[1] Voy. l'acte LXXXV.
[2] Pour *parrochie*.

CXXIV

DE ECCLESIA ET DECIMA SANCTI-MARTINI D'ORSANCHOE [1]

Ecclesia parrochic Sancti-Martini de Orsacoe et tota decima est Sancti-Johannis de Sordua et dantur inde Aquensi episcopo pro quartam duos solidos Morlanensis monete, sed arciut non datur ei.

[1] Orsanco. — Voy. l'acte LXXXIV.

CXXV

XIIIᵉ siècle

DE TERRIS DE SENDOS-SUSON [1]

Monasterium Sorduo habet en Sendos-Suson, in ripa superiori, vi jornatas terre au Poi deu Senz, iii jornatas au Riu de Buc, i jornata et mediam l'Artique [2] deu Barat, x jornades quas dedit B. deu Barat [3] monasterio Sorduensi, quas manibus suis et expensis suis fecerat.

[1] Saint-Dos.
[2] Il faut lire *artigue*.
[3] Voy. l'acte CXX.

CXXVI

DE SENDOS-JUZON [1]

In Sendos-Juson habet monasterium Sorduense in ripera deu Su ix jornadas preter viridarium et terras alias
quas habet juxta ecclesiam Sancte-Marie de Sendos [2].

[1] Partie inférieure de la commune de Saint-Dos.
[2] Voy. les actes XIV, LXXIV, XCI et XCII.

CXXVII

Entre 1167 et 1172

HIC EST PROLOGUS DE ACQUISITIONIBUS QUAS FECIT GUILHELMUS BERNARDUS, ABBAS SORDUENSIS [1]

Inter bone ac venerante memorie predecessores suos
Sorduensis ecclesie abbates qui in hac luce positi Deo et
Sancto-Johanni, mente fideli atque devota, in morum
conversatione honesta, in domorum construendorum labo-
riosis edificiis, in comparandis ecclesie thesauris, in au-
gendis etiam ejusdem atque dilatandis honoribus, insuda
runt, unde post eorum felicem obitum eterne atque lau-
dabili vivunt memoria, voluit eorum minimus abbas,
Wilelmus Bernardus de Camer, aliquid et si minimum
atque valde per exiguum in gazofilatium Dei et Sancti-
Johannis ponere et superaddere, et sicut illi suis posteris omnia adquisita sive largitione regum, donatione prin-
cipium, oblatione fidelium, concessione pontificum, insuper
etiam quicquid emerunt, vel alio quocumque modo apro-
priaverunt, scripto tradiderunt, sicut et ille tam successoribus quam presentibus quicquid acquisivit, quam veracius

quamque fidelibus potuit, omni remoto scrupulo, in scriptum redegit. Fuit. . . . .

(¹) Guilhem Bernard de Came, abbé de Sorde, 1167-1172. — Voy. les actes CV, CXIII, CXXI, CLXXX et CLXXXI.

(Lacune de deux feuillets dans le manuscrit.)

CXXVIII

Entre 1150 et 1167

. . . .
obtulit se et filium suum quem fecit monacum, nomine Raimundum, Deo et Sancto-Johanni cum omni sua parte ecclesie de Oire (¹). Et hoc factum est in presentia dompni abbatis, Arnaldi (²), et Amati de Mor (³), Raimundi d'Agramont (⁴), Raimundi de Manz-Barraute (⁵) et aliis monachis. Visores : Petrus Aurele (⁶), Arnaut de Perer, Gassie Furt de Camou (⁷), Johan de Bergaï (⁸), Arremon Fil, Gassie Arnaut. Dedit etiam filio suo, monacho, medietatem viridarii de Molonc in vita sua, ut inde semper vetiret se ; sed post mortem ejusdem monachi, heres qui voluerit viridarium, debet dare Sancto-Johanni xx Morlanensis monete.

(¹) Œyre-Gave. — Voy. les actes XII, XXXIII, LXXXI et CLXI.
— (²) Arnaud Boniou, abbé de Sorde, 1150-1167. — Voy les actes IV, LXIV, CVI, CVIII, CXI à CXIII, CXVII, CXVIII, CXXI, CXLII, CXLIII, CXLVIII, CLXV et CLXXVII.
— (³) Amat de Mor, moine de Sorde, — Voy. les actes IV, LXIV, CXII, CXIII, CXVII à CXIX, CXXI, CXXIX, CXXX, CLXVI, CLXXVIII à CLXXX et CLXXXII.
(⁴) Raymond de Gramont, moine de Sorde. — Voy. les actes CVI, CXIII, CXVII, CXVIII, CXXI, CXXIX et CLXXX.
(⁵) Raymond de Masparraute, moine de Sorde. — Voy. les actes XCIII, CVI, CXIII et CXXI.
(⁶) Pierre Aurèle de Came, moine de Sorde. — Voy. les actes IV, LXXIX, CVI, CXII et CXXIX.
(⁷) Gassie Furt de Camou, moine de Sorde. — Voy. l'acte CXXIX.
(⁸) Bergay est un domaine situé dans la commune de Saint-Cricq-du-Gave.

CXXIX [1].

1213

DE ECCLESIA ET DECIMA QUAS DEDIT W. GILELMUS DE MIUSENS [2] IN PARROCHIA SANCTI-CIRICI [3].

Notum habeant presentes et futuri quod Sanctus-Johannes de Sordua habet in parrochia Sancti-Cirici totam decimam quam dependebat de W. viris [4] Guilelmus de Miusens, et tota capellania percipit Sanctus-Johannes similiter omnium oblationum et totam omnium primiciarum que tota est capellania et habet ibidem Sanctus-Johannes quam debet ibi ponere et eligere capellanum tanquam coheres patronus Sancti-Johannis, ubicunque sibi placuerit habitare, et debent dare arciut episcopo Aquensi annuatim, si episcopus eis mandavit, XII denarios Morlatis monete, et factum est in presentia dompni abbatis [5], Ramundi de Agramont [6], Petro Aurele [7], Gassie Furt de Camou [8] et aliis monachis. Visores Arnaldi de Salics, Amati de Amort [9], Arnaldi Peregrini de Salies [10] et aliorum fratrum testes et visores sunt. Anno ab incarnatione Domini M° CC° XIII.

[1] Cet acte a été écrit sur un grattage vers le XVIIe siècle. On a cherché à imiter l'écriture du cartulaire et les formules de l'acte CXXII. La rubrique de l'acte qui a été gratté portait : *De dono quod fecit Wilelmus de Le...*

[2] Miossens est une commune du canton de Thèze, arrondissement de Pau (Basses-Pyrénées).

[3] Saint-Cricq-du-Gave.

[4] Le prénom a été altéré.

[5] En 1213, l'abbé de Sorde était Raymond Arnaud de Bortes (1212-1254). — Voy. les actes LXXVIII, CLVII, CLIX, CLX, CLXVIII à CLXXII.

[6] Raymond de Gramont, moine de Sorde. — Voy. les actes CVI, CXIII, CXVII, CXVIII, CXXI, CXXVIII et CLXXX.

(¹) Pierre Aurèle de Cama, moine de Sorde. — Voy. les actes IV, LXXIX, CVI, CXII et CXXVIII.

(⁸) Gassie Furt de Camou, moine de Sorde, mentionné dans l'acte précédent.

(⁹) Amat de Mor, moine de Sorde. — Voy. les actes IV, LXIV, CXII, CXIII, CXVII à CXIX, CXXI, CXXVIII, CXXX, CLXVI, CLXXVIII à CLXXX et CLXXXII.

(¹⁰) Arnaud Pèlerin de Salies, moine de Sorde. — Voy. les actes CXIX et CLXXIX.

CXXX

Entre 1119 et 1136

DE DONO MARFAYNG (¹) ET FILIIS SUIS

Miles quidam, Marfang nomine, de Salies, dedit Sancto-Johanni et abbati Martet (⁸) et fratribus partem quam habebat in portu Tilii, pro redemptione anime sue et parentum suorum, et ut sibi sepultura in claustro daretur, quod et factum est. Quo mortuo, Falqet, filius ejus, querimoniam super predicto dono faciens, omnia que pater ejus dederat negare cepit. Abbas vero Martellus, pacem comparans, dedit ei xxx solidos Morlanensis monete, insuper et monachum eum fecit. Falqetus igitur quicquid in portu Tilii habebat abbati, monachis et fratribus libere dedit, scilicet et alia vice in capitulo quicquid in portu Tilii habere videbatur, in manu Amati de Mor (⁹), coram fratribus garpivit et signum, quod in capite descripsionis cernitur, manu propria fecit.

Signum † Falqet.

(¹) On retrouve encore ce nom sous la forme *Marfaim* près de Foix. — (⁸) Guilhem Martel, abbé de Sorde, 1119-1136. — Voy. les actes V, VII, LXXIV, LXXVII, LXXXI à XC, XCII, XCVI, XCVII, XCIX, C, CIX à CXI, CXIV à CXVI, CXXXVII, CXXXIX, CXL, CXLVI, CXLVIII et CLXXX.

— (⁹) Amat de Mor, moine de Sorde. — Voy. les actes IV, LXIV, CXII, CXIII, CXVII à CXIX, CXXI, CXXVIII, CXXIX, CLXVI, CLXXVIII à CLXXX et CLXXXII.

CXXXI

itre ⁻1119 et 1136

DONUM ABRART DE LE FIITE [1]

Ea que posteris pro futura sunt de fita, que vocatur
Beitlog [2], sanccimus scribendum. Illa et enim terra inculta jacebat, nullus agricultor eam serverat, occu-
pata densissimis vepribus, inculta erat. Denique primum
Garsie Arnaut cum Guilelmo Sanz de Medezi accepit ipsam terram et eam cepit excolere et frutecta succidere.
Postea dedit fratri suo, Bergundo Arnaut, simul dante
abbate Wilelmo [3], cum aliis monachis, totam terram in
circuitu ut sereret et eam plantaret et haberet in here-
ditatem jure perpetuo cum fidejussoribus tamen et cum
censu quod postea dicetur. Post aliquantum vero temporis,
pro sui corporis curatione pergens Viennam [4], fecit donum fratri suo, ut vivens ipse tenorent eum duobus filiis
suis et si ipsi non viverent, ipse frater, scilicet Garsie
Arnaut, teneret et successores ejus, jure perpetuo, in he
reditatem, rectum facientibus Sancto-Johanni. Constituit
quoque censum ut omni anno darent XII panes et duas
concas vini et XII nummos.

[1] Ebrard de La Fitte est déjà mentionné dans les actes LXXVII
et CX. — Il vivait au temps de l'abbé Ainer, 1105-1110. Le nom
peut s'appliquer à La Hitte, domaine situé dans la commune de Misson.
[2] Bellocq, domaine situé dans la commune de Misson.
— [3] Guilhem Martel, abbé de Sorde, 1110-1136.
[4] Vienne (Isère).

CXXXII

DE ARNAUT ABRART

De fite [1] Arnaudi Abrard debet facere droit e lei iu
manu abbatis et medietatem decime ejus, soluto sino

aliquo participe, debet habere Sanctus-Johannes ; aliam vero medietatem Sanctus-Martinus de Amisson [2], et ex illa medietate Sanctus-Johannes medietatem.

[1] La Hitte. — Voy. l'acte précédent.
[2] L'église Saint-Martin do Misson. — Voy. les actes XLV et CLXXII.

CXXXIII

DE BERGON LUP

De fito Bergon Lub dreit e lei debet faccre in manu abbatis.

CXXXIV

DE ANER DE TILHET

Do fito Anor de Tilet debet dare vɪ panes, concam annone, gallinam, x sextarios pomati, porcum si habuerit, debet etiam sarclar, segar e toto obrerio, sicut rusticus domino.

CXXXV

DE CENSU PES SAVARIO

Per Savarig debet dare vɪɪɪ sextarios de pomado de viridario, quod plantavit Arnaut Curt a le Cau d'Arlou et hoc quando vicem habebit.

CXXXVI

DE CENSU DE LE CAU D'ARDOU

Viridarium Engo Navar quod plantavit ipso in le Cau d'Ardou debet dare vɪɪɪ sextarios pomati.

CXXXVII

Entre 1119 et 1136

DE DONO FORT G. DE GAYROSSE [1] QUOD FECIT
DE TERRA DE SAUBUSSE [2]

Fort Garsies de Goosse [3] venit ad W. Martet [4], abbatem, et quesivit ab eo terram ubi viridarium plantare posset, qui dedit ei terram in Saubuce, tali pacto quod eam plantaret et post mortem suam relinquerit Sancto-Johanni solute.

[1] Fort Gassie de Gayrosse. — Voy. l'acte XLVIII.

[2] Saubusse, commune du canton et de l'arrondissement de Dax (Landes). — Voy. les actes CXXXVIII et CXXXIX.

[3] Fort Gassie de Gayrosse pouvait être appelé aussi de Gosse, car le château de Gayrossé est situé dans l'ancienne baronnie de Gosse. — [4] Guilhem Martel, abbé de Sorde, 1119-1136. — Voy. les actes V. VII, LXXIV, LXXVII, LXXXI à XC, XCII, XCVI, XCVII, XCIX, C, CIX à CXI, CXIV à CXVI, CXXX, CXXXIX, CXL, CXLVI, CXLVIII et CLXXX.

CXXXVIII

ITEM DE SAUBUSSE [1]

Arnaut deu Port [2] accepit terram in Sabuce [3] et plantavit eam hoc pacto quod daret ix sextarios pomati.

[1] Voy. les actes CXXXVII et CXXXIX.

[2] Arnaud du Port est mentionné dans l'acte CLIX.

[3] Pour *Saubuce*.

CXXXIX

Entre 1119 et 1136

ITEM DE SAUBUCE [1]

Arremon de Berós fuit pincerna in aula [2] Sancti-Johannis et quesivit terram ab abbate Wilelmo Martet [3] ad plantandum, qui dedit et in Sabuce [1], tali pacto quod si non haberet legitimum filium, post mortem suam, reliuqueret solute Sancto-Johanni. Si vero haberet, constituit VIII sextarios de pomade.

[1] Voy. les deux actes précédents.
[2] *Aula* est ici dans le sens de *maison noble* appliqué à l'abbaye de Saint-Jean de Sorde.
—[3] Guilhem Martel, abbé de Sorde, 1119-1136. — Voy. les actes. V, VII, LXXIV, LXXVII, LXXXI à XC, XCII, XCVI, XCVII, XCIX, C, CIX à CXI, CXIV à CXVI, CXXX, CXXXVII, CXL, CXLVI, CXLVIII et CLXXX.
[4] Pour *Saubuce*.

CXL

Entre 1119 et 1136

DONUM WILELMI ARNAUDI DE BRYRIE [1]

Gilelmus Arnaudus de Berie obtulit filium suum, Bernardum, Deo et Sancto-Johanni et fecit eum monachum in presencia W. Martelli, abbatis [2]; dedit autem, pro eo et pro anima sua et parentum suorum, totam decimam de le terre Na Sevilie, quam habebat in Beirina et medietatem decime d'Eztokie [3] et medietatem de misecantania, terram etiam que est prope ecclesiam, quantum tenet ipsa in longum et in latum, usque ad futecta [4] que sunt ibi inferius ad hoc scilicet ut Sanctus-Johannes posset ibi facere domum sive cellarium.

[1] Voy. l'acte LXXXIII.
—[2] Guilhem Martel, abbé de Sorde, 1119-1136. — Voy. les actes V, VII, LXXIV, LXXVII, LXXXI à XC, XCII, XCVI, XCVII, XCIX, C, CIX à CXI, CXIV à CXVI, CXXX, CXXXVII, CXXXIX, CXLVI, CXLVIII et CLXXX.
[3] Ce domaine est déjà mentionné dans l'acte CXXII sous le nom d'Aztoquio.
[4] Pour *frutcta*, taillis.

CXLI

Entre 1147 et 1150

DE FEUDO FFORCII DE FINGUE [1].

Notum sit presentibus et futuris quod duas jornatas terre quas Sanctus-Johannes habebat in parrochia de Gavat [2], dedi ego Bertrandus de Samadet, abbas Sorduensis [3], cuidam homini, nomine Forcius de Fingue, in feudum, ut ipse et posteritas ejus darent Sancto-Johanni XII denarios Morlanensis mouete annuatim, et hoc in Nativitate sancti Johannis.

[1] Hinx (?), canton de Montfort, arrondissement de Dax (Landes).
[2] Gabat. — Voy. les actes LXXIX et CLVI.
[3] Bertrand de Samadet, abbé de Sorde, 1147-1150. — Voy. les actes CLII et CLVI. — Samadet est une commune du canton de Geaune, arrondissement de Saint-Sever (Landes).

CXLII

Entre 1150 et 1167

DONUM QUOD FECIT COMDET DE MIREMONT [1]

Comdet de Miremon dedit se Deo et Sancto-Johanni et fecit se monachum et dedit, pro redemptione anime sue, lo casau de Hiriard [2] reddentem hujusmodi censum : concam unam frumenti, duas annone, v concas vini, si vinea vindemiam habuerit. Si vinea forte fortuitu adnichilata fuerit, vel eam restituet si domino placuerit vel dabit domino suo x concas de pomade, daberit et unam gallinam in Nativitate, unum porcum in Nativitate, meliorem quem habuerit in sua curia, vel in aliena, retentis sibi quatuor, vel ad minus qui valeat XII nummos, ovem unam sterilem in madio si habuerit, fidejussores, drcit e

lei, femeiar [3] cum bobus quotcumque habebit. Si tamen
non habuerit ipse ibit cum rastro, tali pacto si Sanctus-
Johannes in illa patria mansum sive grangiam habuerit.
Preterea si villanus filios vel filias habuerit, non exibunt
de domino suo sine licentia domini sui. Si ceperit latro-
nem in sua curia vel quemlibet alium quocumque alio
modo reddet domino suo, sicut est mos illius terre. Dedit etiam predictus Comdet totam terram quam habebat
intra Laveake e Hiriard, cum nucibus et pomariis que
ibi erant. Abbas autem Arnaudus Boniou [4], in cujus presentia factum est, fecit sibi cantari m missas. Visores
sunt A. Wilelmus, Aquensis episcopus [5], Bibianus d'A-
gramont [6], Garsias Raimundus d'Arbut [7] et Raimundus [8],
ejus filius, Raimundus, archidiaconus, d'Arbut [9] et alii
plures.

[1] Comdet de Miremont, moine de Sorde. — Voy. les actes IV et
LXXIX.

[2] Hiriart est un hameau de la commune de Guiche.

[3] Répandre le fumier sur les terres.

— [4] Arnaud Boniou, abbé de Sorde, 1150-1167. — Voy. les actes IV.
LXIV, CVI, CVIII, CXI à CXIII, CXVII, CXVIII, CXXI, CXXVIII,
CXLIII, CXLVIII, CLXV et CLXVII.

[5] Arnaud Guilhem de Sort, évêque de Dax, 1143-1167. — Voy. les
actes IV, LXIV, CVI et CXII.

[6] Vivien de Gramont. — Voy. les actes LXXIX, XCVII, XCIX et C.

— [7] Garsie Raymond d'Arbouet, déjà mentionné dans les actes LXXIX,
LXXXIII, XCVII et XCIX.

— [8] Raymond d'Arbouet, mentionné dans l'acte XCIX.

— [9] Raymond d'Arbouet, l'un des archidiacres de l'évêque de Dax,
probablement de Mixe.

CXLIII

Entre 1150 et 1167

DE VILLANIS DE SENT-CRIC [1]

Si quis scire desiderat Sanctus-Johannes in Sen-Cric
quot rusticos habeat et quid unusquisque dare debeat, in
hoc loco noticiam plenam inveniet.

Lo casau Doat de La Barrere debet dare x panes, ii concas annone, gallinam, x soxtarios pomati, porcum si in sua vel alterius domo abuerit.

Lo casau Perrou de Mazere debet dare vii panes, ii concas annone, porcum si in sua vel alterius domo habuerit.

Lo casau Sanz Bergon d'Anclade debet dare vii panes, ii concas annone, porcum si in sua vel alterius domo habuerit.

Lo casau Sanz de Oled debet dare vii panes, ii concas annone, porcum.

Lo casau Guilem de Anglade debet dare vii panes, ii concas annone.

Lo casau Sanz Guilem de Bilere debet vii panes, ii concas annone, gallinam.

Lo casau de Prad vi panes, porcum, debet etiam dare xii nummos Morlanensis monete propter terram que est prope nassam de Camou [1] super culturam de Cake-Fave et est similiter cum terra illa que est de Fontaeres et si reddiderit illam abbas rustico, debet dare rusticus xii nummos sin autem minime.

Lo casau Sance deu Cerer et Arremon Falar, qui fuit capellanus de Sen-Cric [2], et Amasius, hujus Sance [1], debet dare vii panes, ii concas annone, porcum. Capellanus iste dedit se Sancto-Johanni, ut fieret capellanus de Sen-Cric, et dedit Sancto-Johanni viridarium a infer dus camps, ubi poterant esse cc pomaria. Post mortem autem ejus, Marchese, filia Auriou, que fuit filia capellani et Sance, accepit anc terram ab Arnaudo Boniou [4], abbate, in fiult [5] et dedit vii panes, ii concas annone, porcum.

Lo casau de Bilere Minori debet x panes, ii concas annone, porcum.

Lo casau Arremon Brasc e Bruna, sa moler, scilicet Hocui casau debet vii panes, ii concas annone, porcum.

Lo casau Gassie Doat de Forcade debet dare vii panes, ii concas annone, porcum.

Lo casau de Beitloc debet dare vi panes.

Lo casau dejus Beitloc e devant lo Senz debet dare vi panes.

Lo casau de Banias debet x panes, gallinam, ii concas annone, porcum, x sextarios scicere.

Lo casau item Brocars eu Lac [7] debet dare vi panes.

Lo casau deu Lac debet dare vii panes, ii concas annone, porcum.

Lo casau de Le Cise debet dare vi panes.

Lo casau deu Binau debet dare vii panes, ii concas annone, porcum.

Bornim casau debet dare vii panes, ii concas annone, porcum.

Lo Bonci casau debet dare vii panes, ii concas annone, porcum, et propter iii jornatas terre quàs accepit in fiu] ad insulam [8] propo culturam Sancti-Johannis debet dare iii panes.

Lo casau de Anglars de Tras [9] Fontaeres debet dare vii panes, ii concas annone et porcum.

Lo casau de Case Nave debet x panes, gallinam, ii concas annone, x sextarios sicere et porcum.

Lo casau de Camiade debet x panes, gallinam, ii concas annone, x sextarios sicere et porcum.

Lo casau de Fontaeres debet facere dreit e lei in manu abbatis, si sibi vel suis villanis injuriam fecerit.

Lo casau dejus Mau-Cor ad portam de Bilero debet dare x panes, ii concas annone et porcum, sed est in pignore cum duabus jornatis terre a Monifosse v solidis Morlanensis monete quos nos demus [10] accipere cum terra redimetur.

Et est notandum quod nemo rusticorum debet dare porcum nisi habuerit.

Sunt autem omnes rustici sive los casas [11] xxiii, quinque ex his sunt tributarii scilicet lo casau de La Barrero, lo de Bainas, lo de Case-Nave, lo de Camiade, lo de Bilere et debent totam decimam excutere, quod vul-

gariter dicimus bater, et tunc abbas debet eis dare refectionem. Debent etiam omnem servilem opus facere, sicut
servi domino suo, similiter carreiar cum bobus a Bonut [12]
vel ad Sanctum-Pantaleonem [13].

Notandum etiam quod viridarium quod est inter rivum
de Benaujes e lo casau de Le Barrere subtus viam ver-
sus Gaverum [14] debet VII panes, II concas annone, porcum.

[1] Saint-Cricq-du-Gave. — Voy. les actes XVI, XXIII, LXXXI, CXLIV
et CXLVI.
[2] Le domaine de Camou est situé près Saint-Cricq sur la rive
droite du Gave de Pau.
[3] Raymond Falar est déjà mentionné dans l'acte LXVIII.
[4] Il y a un mot omis, *filius* probablement.
[5] Arnaud Boniou, abbé de Sorde, 1150-1167. — Voy. les actes IV,
LXIV, CVI, CVIII, CXI à CXIII, CXVII, CXVIII, CXXI, CXXVIII, CXLII,
CXLVIII, CLXV et CLXVII.
[6] En fief, c'est-à-dire à cens.
[7] Ce domaine et le suivant étaient sans doute situés près de
l'étang de Saint-Cricq-du-Gave.
[8] Il s'agit ici d'un terrain situé dans la commune de Lahontan,
limitrophe de celle de Saint-Cricq-du-Gave, qui porte encore le
nom de *L'Ile*.
[9] Pour *trans*.
[10] Pour *debemus*.
[11] Pour *casaus*.
[12] La distance de Saint-Cricq-du-Gave à Bonnut est de 26 kilomètres.
[13] La distance de Saint-Cricq-du-Gave à Saint-Pandelon est de
17 kilomètres.
[14] Le Gave de Pau.

CXLIV

DE TERRA DE SENT-CRIC [1]

Diximus de villanis et de censu, nunc scribere necessarium duximus de terris quas habemus in Sancto-Cirico :
A le font de l'Arribero Sobira, inter lo correjo [2] Fort-

Brasc de Peire-Lonke e lo terre de le Faurie e le terre
deu Pin, Lester [a] es in medio, habemus xii jornatas
terre.

Le terre de Laster in jus usque ad fundum de Percu-
ces, ubi sunt xxx jornatæ et eo amplius est similiter
nostra.

A Betries habemus similiter ii jornatas.

A front de le terre de Le Barrere e de Anglade habemus similiter unam jornatam dejus los poms Hileis,
prope viridarium de Mazere usque au casau d'Anglars de
de le bie en jus.

Iterum habemus tres arecolters inter terram de Focui casau et terram de Fontaeres et tangit usque ad terram de Anglars.

A Pradeit habemus iii jornatas de le terre de Bile-
Lonke usque ad rivum.

A Le Bularele habemus mediam jornatam inter terras
de Sente-Gelete.

A Poi-de-No habemus ii magnas jornatas inter le culture de Fontaeres e lo correjo d'Anglars et transit viam
usque ad nemus.

Ad Insulam subtus ecclesiam habemus iii jornatas dejus le terre de Boni casau e de Camiade e de Sente-
Gelede, assi cum l'arius tale.

A Cake-Fave habemus iiii jornatas inter le terre de
Mazere e le culture de Fontaeres, de Gavero usque a
Euspui.

La terre d'Arrius, de le couture de Fontaeres in sus
usque ad viridarium Johan Boer [d], est nostra.

(a Saint-Cricq-du-Gave. — Voy. les actes XVI, XXIII, LXXXI, CXLIII
et CXLVI.

(La corrége, nom commun signifiant une langue de terre, est
devenu un nom propre Il y a à Saint-Cricq-du-Gave un domaine de
ce nom, Il est peu éloigné de celui du Pin qui suit.

(*) Pour le domaine de Laster qui suit.

(Il y a encore à Saint-Cricq-du-Gave un domaine appelé Boué.

CXLV

Ecclesia preterea Sancti-Cirici est nostra ad integrum, nec debemus dare ex ea quartam neque refectionem episcopo. Terra similiter que est suptus ecclesiam, inter lo casal de Camiade et inter lo casau de Bainas et domus quo ibi est, est nostra. Viridarium quod est inter terram de Camiade et terram de Forcade, scilicet a Coltures, ubi sunt quatuor ordines pomorum, est Sancti-Johannis. Habemus etiam aliud viridarium juxta lo casau de Camiade, quod dividimus eum domino de Camiade. Similiter habemus ad capud viridarii de Coltures, de via usque ad rivum, VI jornatas terre. Preterea habemus aliam terram in Sen-Cric quam dedit nobis Wilelmus de Le Peirede [2], sicut alibi plenius scriptum est.

[1] L'église de Saint-Cricq-du-Gave. — Voy. l'acte CXXIX.
[2] Peyrède. fief. commune d'Orbas, canton de Sauveterre, arrondissement d'Orthez (Basses-Pyrénées).

CXLVI

Entre 1119 et 1130

Notandum est etiam quod Gratia de Fontaeres cum filiis suis, Arnaudo et Bernardo, insurrexerunt adversus Sanctum-Johannem et homines de Sordua, dicens quod non debebant paduentiam habere in bartam [2] de Sen-Cric. Verumtamen Wilelmus Martelli [3], abbas, fecit bellum in manu Gastonis, Bearnensis viceconsulis [4], cum Gratia et filiis suis et cum Forcius, domino de Mongiscard [5], cui et sue generationi concesserunt Gratia et filii sui terciam partem deus quarts de omnibus terris quas habent in Sen-Cric, ut eos manu tenerent et bellum eis facerent, sed, Deo gratias, vicit Wilelmus Martelli. Ex parte illius fuit pugil Filius Bonus de Sendos [3], ex parte illorum Wilelmus de Mesplede [4]. Similiter fuerunt fidejussores illorum Giraudus de Cassaver [5] et Galindus.

[1] Saint-Cricq-du-Gave. — Voy. les actes XVI, XXIII, LXXXI, CXLIII et CXLIV.

[2] Le bois de Saint-Cricq.

[3] Guilhem Martel, abbé de Sorde, 1119-1136. — Voy. les actes V, VII, LXXIV, LXXVII, LXXXI à XC, XCII, XCVI, XCVII, XCIX, C, CIX à CXI, CXIV à CXVI, CXXX, CXXXVII, CXXXIX, CXL, CXLVIII et CLXXX.

[4] Gaston IV, vicomte de Béarn, 1088-1130. — Voy. les actes VI, VIII, LIV, LVII, LXXXVIII, XCIX, CXLVIII et CLII.

[5] Fort, seigneur de Mongiscard, dont le château était entre Béreux et Salles-Mongiscard. — Voy. l'acte LIV.

[6] Saint-Dos.

[7] Mesplède, commune du canton d'Arthez, arrondissement d'Orthez (Basses-Pyrénées).

[8] Voy. les actes LIX et LXXXVI.

CXLVII

DE ECCLESIA SANCTE-SUZANNE [1]

Restat nunc scribere in Sancta-Susanna. Ecclesia Sancte-Susanne est nostra, et tercia pars decime Sancti-Stephani de Lar [2], tercia pars etiam decime de Lanne-Pla [3]. Parrochiani utriusque ecclesie debent venire in noctem Nativitatis, in Ramos Palmarum, in Pascha et Pentecostes ad baptizandum ad ecclesiam Sancte-Susanne, et debent ibi [4] dimittere singulos panes et singulos cereos reliquos secum portabunt.

[1] Voy. les actes XLII, LXXIII, LXXXI, CXIII, CXLVIII et CLXXXI.

[2] Saint-Etienne de Làa. — Làa est une commune du canton de

Lagor, arrondissement d'Orthez (Basses-Pyrénées. — Voy. l'acte II, note 3.

:. Lanneplàa, commune du canton et de l'arrondissement d'Orthez. — Voy. l'acte CLXXXI.

'. Une correction moderne a remplacé ce mot par *nobis*.

CXLVIII

XIIe siècle

DE VILLANIS SANCTE-SUSANNE [1]

Villa etiam Sancte-Susanne est nostra.

Lo casau de Grate Lob dat XII nummos Morlanensis monete in madio, unam concam frumenti, duas annone, unam gallinam.

Lo casau de Saleberta [2] dat XII nummos Morlanensis monete, duas concas frumenti, duas annone, duas gallinas.

Lo casau de Le Sale [3] dat XII nummos Morlanensis monete, tres gallinas.

Lo casau de Binau [4] dat XII nummos Morlanensis monete, unam concam frumenti, duas annone, unam gallinam.

(Istut debitum faciebat casale dou Vinhau, sed ad pre- preces et iustantiam domini Gastonis, vicecomitis Bearnii [5], — est totum permutatum et quitatum pro II solidis et VIII denariis Morlanensibus quos debet dare aunuatim in festo Assumptionis Beate Marie augusti. Actum fuit hoc permutatum et quitatum Sordue, die dominica proxima post Translationem sancti Benedicti [6], anno Domini M° CC° septuagesimo. Et debet facere dret e ley in manu abbatis.)

Lo .... [7] nummos, unam concam frumenti, duas annone, unam gallinam, sed medietatem istius casalis emit Arnaudus Boniou, abbas [8], a Bernardo de Le Cassie [9] pro LIII solidis Morlanensis monete, sicut alibi scriptum est. Altera [9] vero medietatem dedit sicut Petrus de Baione [10], frater predicti Bernardi, Sancto-Johanni, ut abbas Arnaudus Boniou daret sibi victum et vestitum in vita.

Lo casau de Junear dat XII nummos Morlanensis monete, unam concam frumenti, duas annone, unam gallinam.

Lo casau deu Pont [11] dat III nummos Morlanensis monete, unam concam et mediam frumenti, duas annone, unam gallinam.

Wilelmus Martelli, abbas [12], et Arnaudus de Badz [13] emerunt quandam terram de Raimundo Martino de Pui-Domenge [14] et de Fileta, uxore sua, et fecerunt ibi domum. Arnaudus de Baidz quam dedit filie sue, nomine Genssac, post mortem suam, et dat VI nummos Morlanensis monete, unam concam frumenti, unam annone.

Caritou, filia Sancii Garssie de Vignau, emit de Juliana de Saleberta et marito suo, Petro Trotemike, unum casau. Hujus casalis medietatem emit Petrus de Jake, filius istius Caritou, de Hueli, marito suo. Alteram vero medietatem dedit secum Caritou Sancto-Johanni. Istam medietatem dedit Arnaudus Boniou, abbas, Petro de Jake, ut tam de hac quam de sua medietate daret Sancto-Johanni in perpetuum ipse et sua progenies, XII nummos Morlanensis monete et unam concam frumenti et unam gallinam e dreit e lei.

Lo casau Ez Guillem e Sance Gassiei dant singulos nummos Morlanensis monete, singulos sextarios frumenti, duas concas annone, unam gallinam.

Arnaudus Boniou, abbas, emit a Wilelmo de Saleberta quandam terram que est inter domum Raimundi Fabri [16] et Durandi de Gratelob, pro XX solidis Morlanensis monete et pro una conca frumenti, et divisit illam terram, ut fieret ibi due domus et dat unaqueque domus XVIII nummos Morlanensis monete e dret e lei.

Est sciendum preterea quod VI ex istis, scilicet lo casau de Gratelob, lo casau de Saleberta, lo casau de Le Sale, lo casau deu Vinau, lo casau de Le Cassie, lo casau de Vinear debent fere tascam [17] ad molinum, si habuerit asinos vel alia forte animalia, debent defferre decimam de Bonut, et abbas debet eis dare dum vadunt et redeunt refectionem.

Debent etiam afferre garbam [18] de Lar [19] e de Lanepla [20]. Debent iterum venire cum furcis et cum equabus excutere sive triturare garbam frumenti et annone.

[1] Voy. les actes XLII, LXXIII, LXXXI, CXIII, CXLVII et CLXXXI.

[2] « L'ostau de Tuquot de Salebertaa », censier de Béarn, 1385. (Arch. des Basses-Pyrénées, E. 306, fo 4.)

[3] « L'ostau de P. de La Sale » au quartier d'Aragnon de Sainte-Suzanne (Censier, fo 3).

[4] « L'ostau deu Vinhau » est déclaré vide en 1385 (Censier, fo 4).

— [5] Gaston VII, vicomte de Béarn, 1229-1290.

[6] La Translation de saint Benoit est le 11 juillet; l'an 1270, ce jour tomba un vendredi, la date de cette note est donc le 13 juillet.

[7] Ce passage est en blanc dans le ms.

— [8] Arnaud Boniou, abbé de Sorde, 1150-1167. — Voy les actes IV, LXIV, CVI, CVIII, CXI à CXIII, CXVII, CXVIII, CXXI, CXXVIII, CXLII, CXLVIII, CLXV et CLXXVII.

[9] Bernard de La Cassie, déjà mentionné dans l'acte CXIII.

[10] Pour alteram.

[11] Voy. l'acte CXIII.

[12] « L'ostau de P. deu Pont », 1385 (Censier, fo 4).

— [13] Guilhem Martel, abbé de Sorde, 1119-1136. — Voy. les actes V, VII, LXXIV, LXXVII, LXXXI à XC, XCII, XCVI, XCVII, XCIX, C, CIX à CXI, CXIV à CXVI, CXXX, CXXXVII, CXXXIX, CXL, CXLVI et CLXXX.

[14] Arnaud de Baigts est déjà cité dans l'acte XXII.

[15] Poey-Domenge, quartier et ancien fief de la commune de Baigts.

[16] « L'ostau deu Faur » 1385 (Censier, fo 4).

[17] Le sens précis est porter des mottes de terre pour garnir les parois du canal du moulin.

[18] Récolte.

[19] Làa.

[20] Lannepláa.

CXLIX

DE VILLANIS DE CARRESSE [1]

Notum fore posteris procuravimus quod Sanctus-Johannes habet in villa que dicitur Carresse VII villanos, te-

nentes singulos casales, juxta communem mensuram
casalium villanorum de Bearnio [1], scilicet lo casau de Media-Villa [2], lo casau de Forcade, lo casau Arreterau e
Guilem Fave [4] lo casau Carressan d'Arriu, lo casau de
Male-Marche, lo casau de Pin ; et reddit unusquisque VIII
concas frumenti, IX de civade per concam viceconsulis [3]
et et XI nummos Morlanensis monete.

[1] Voy. les actes LXXXI et CLIII.
[2] On voit par le mot *casales* et par les redevances qu'il ne s'agit
pas de terrains concédés pour bâtir, mais de terres à travailler.
Les concessions de ce genre étaient ordinairement de dix hectares
environ dans la vicomté de Béarn. (Arch. des Basses-Pyrénées, E. 317,
f° 29 verso.)
[3] Dans le censier de Béarn de 1385, on trouve « l'ostau de
Minbiele-Jusoo ». (Arch. des Basses-Pyrénées, E. 306, f° 10.)
[4] « L'ostau de Johano deu Faur, » 1385. (Censier, f° 10.)
[5] Vicomte de Béarn.

CL

DE ECCLESIA ET VILLA SANCTI-VINCENTII DE BORTES [1]

Iterum Sancius [2], comes et dominus tocius Vasconie, dedit Deo et Sancto-Johanni de Sordua ecclesiam et decimam
Sancti-Vincentii de Bortes et totam villam, tam in silvis
quam in aquis et in terris. E sunt en Bortes XIII casales
qui debent dare sensum, facere dreit e lei, et dare fidejussores ad voluntatem domini abbatis, sicut plane antea
scriptum est. Et Bortes habet terminos scilicet rivum de
Caunelle [3] et serram de Faucausit [4] usque ad pontem deu
Basec [5], et usque ad terram domini de Pollon [6]. Et si
vicecomes Auortensis [7] vel aliquis vicinus de Bortes voluerit infra dictos terminos paduentiam habere, homines
de Bortes debent ab ipso carnau [7] habere. Et si homines
de Bortes voluerint paduentiam habere supra vicecomitem
Auortensem ultra dictos terminos, debent ei dare porcum

de marcio ^(*) et nichil amplius et debent paduentiam habere usque a B. Panat.

(¹) Voy. l'acte IX.

(²) Sanche, duc et comte de Gascogne, 1010-1032. — Voy. les actes II, III, IX et XCII.

(³) Le ruisseau de Cauneille, ainsi nommé du village de ce nom qu'il sépare de Labatut, se jette dans le Gave de Pau. — Cauneille est une commune du canton de Peyrehorade, arrondissement de Dax (Landes).

(⁴) La colline de Hau-Caussit est placée à la limite des communes de Peyrehorade, Bélus et Orthevielle.

(⁵) Le pont sur le ruisseau du Bassecq près de la commune de Gâas.

(⁶) Pouillon, localité dont le nom figure dans les actes XLIII, XLV et CLIX.

(⁷) Le vicomte d'Orthe.

(⁸) Droit de saisir le bétail.

(⁹) Jeune porc livré en mars et destiné à être engraissé dans l'année pour être tué vers Noël.

CLI

Entre 1010 et 1032

DE SANCTO-JOHANNE D'ARSAGUE ^(¹)

Iterum Sancius ^(²), comes, dedit Sancto-Johanni de Sordua ecclesiam Sancti-Johannis d'Arsaage et terram juxta ecclesiam et totam decimam preter decimam VI casalium quam dividunt per medium domus de Sordua et domus de Pugro sicut alibi scriptum est. (³).

(¹) Arsague ou Arsac, commune du canton d'Amou, arrondissement de Saint-Sever (Landes). — Voy. l'acte CLXXVI.

(²) Sanche, duc et comte de Gascogne, 1010-1032. — Voy. les actes II, III, IX, XCII et CL.

(³) Voy. l'acte CLXXVI.

CLII

Entre 1147 et 1170

DE DONO QUOD FECIT WILELMUS, MILES, DE MENBREDE [1]

IN CASTEINHEDE

Notum sit universis presentibus atque futuris quod Wilelmus, miles, de Membrede, divina miseratione compunctus, pro remedio anime sue, dedit Deo et Sancto-Johann-
Sorduensi et habitatoribus ejusdem loci, terram quandam
a Castanede, que est inter lo casau deu Prad e de Bad-x [2],
quam ipse libere acquisierat, non pertinente ad parentel-
lam suam. Fecit autem terra supradicta annuatim in Natale Domini duos solidos Morlanensis monete et unam
gallinam. Fecit autem prefatus Wilelmus supradictam donationem in manu B. de Samadet [3], interim abbatis Sorduensis, et firmavit eandem in manu Gasto [4], vicecomiti
Bearnensis.

(1) Membrède, ancien fief, dans la commune de Castagnède. — Voy.
les] actes LI et CI.
(2) On trouve rangés l'un après l'autre, à Castagnède, dans le censier
de Béarn de 1385 « l'ostau d'Arnauton de Bags » et « l'ostau de Monaut deu Prat. » (Arch. des Basses-Pyrénées, E. Voy. p. 128, 306, f° 14.)
—(3) Bertrand de Samadet, abbé de Sorde, 1147-1150. — Voy. les actes
CXLI et CLVI.
(4) Gaston VI, vicomte de Béarn, 1153-1170.

CLII

Entre 1200 et 1212

DE DONO QUOD FECIT DOMINA CONDOR DE MEMBREDE

IN ARTIGUEBAUDE [1].

Notum sit universis presentibus quam futuris quod domina Comdor de Membrede, soror nostre congregationis,

divina miseratione compuncta, dedit, in redemptionc
auime sue, Beato-Johanni Sorduensi et ejusdem loci habitatoribus quandam decimam quam possidebat, jure hereditario, in parrochiis de Cassaver et de Carresse, ibidem
in riveira que vocatur Artigebaude, vidente domino Fortenerio de Mau Leon [1], Aquensi episcopo, tunc temporis
existente, prefatumque donum presencialiter concedente.
Et ibidem existentibus Vitali de Membrede, fratre jamdicte
domine, et Biviano de Le Sale [2], nepote ejusdem domine,
predictum donum sine aliquo concedentibus interdictu.
Fecit quidem prefata domina supradictam donationem in
manu domini A. W. de Birano [4], abbate Sordue, tunc
temporis existente, et ipsa eadem ponente missale super
altare Beati-Johannis Sorduensis.

[1] Petite plaine le long du Gave d'Oloron sur les communes de
Carresse et de Cassaver.
[2] Fortaner de Mauléon, évêque de Dax, 1200-1212. — Voy. les
actes CLVIII et CLXVIII.
[3] Vivien de La Salle, de Cassaber. — Voy. l'acte CLVII.
— [4] Arnaud Guilhem de Biran, abbé de Sorde, 1200-1212. — Voy.
l'acte CXX.

CLIV

28 décembre 1240

DE VENDITIONE ARNAUDI D'ARRIU DE TERRA DE LAUGAR

Anno Domini M° CC° XL° Arnaudus de Arriu, de consensu et voluntate Peirone, uxoris sue, vendidit mihi
R. A. [1], abbati Sorduensi, quandam terram que dicitur
Laugar, pro L solidis scilicet Morlanorum, et dedit mihi
firmas hujus venditionis Arnaudum W. de Cortosia [2],
maritus Na Clarmont, et Amicum de Lagont [3]. Factum
est hoc in villa Sordue, in festo Innocentum [4]. Presentibus

Maurestou [4], G. de Berencs [5] et B. de Casteilon et G. A. de Cortosie [8], monachis Sorduensibus.

[1] Raymond Arnaud de Bortes, abbé de Sorde, 1212-1254. — Voy. les actes LXXVIII, CXXIX, CLVII, CLIX, CLX, CLXVIII à CLXXII.
[2] Arnaud Guilhem de Courtoisie, figure dans l'acte CLIX.
[3] Amic de Lagont est mentionné dans l'acte CLIX.
[4] 28 décembre.
[5] Ce moine devint prieur de Sorde. — Voy. les actes LXXVIII, CLVIII et CLIX.
[6] Guilhem de Bérenx est déjà cité dans l'acte LXXVIII.
[7] Barthélemy de Casteillon, mentionné aux actes LXXVIII et CLIX.
[8] Guilhem Arnaud de Courtoisie. — Voy. les actes CLVIII et CLIX.

CLV

29 juin 1167

DE DECIMA DE GUISSEN [1]

W. Bernardi [2], abbas Sorduensis, obpignoravit quartam partem ecclesie de Guissen a Belatce pro quinquaginta solidos monete Morlanensis. Debet autem monasterium Sorduense ipsam quartam solvere quantumcunque poterit post duos annos. Fidejussores sunt, ex parte Belatce : Arromie d'Urdassen, Duran d'Urdassen ; ex parte abbatis : Arnaudus de Camer [3] et Seibelce. Anno Domini M° C° LX° VII°, tercio kalendas julii.

[1] Guiche.
[2] Guilhem Bernard de Came, abbé de Sorde, 1167-1172 — Voy. les actes CV, CXIII, CXXI, CXXVII, CLXXX et CLXXXI.
[3] Arnaud de Came est cité dans les actes CV et CXIX.

CLVI

Entre 1147 et 1150

DE FEUDO FORCII DE PINOUE [1]

Notum sit presentibus et futuris quod duas jornatas terre quas Sanctus-Johannes habebat in parrochia de Gavad [2], dedi ego Bertrandus de Samadet, abbas Sorduensis, cuidam homini, nomine Forcius de Fingue, in feudum, ut ipse et posteritas ejus darent Sancto-Johanni Sordue XII denarios Morlanenses annuatim et hoc in Nativitate Sancti-Johannis-Batiste.

(¹) C'est la répétition de l'acte CXLI.
(²) Gabat. — Voy. l'acte CXLI.

CLVII

2 juin 1250

DE DONO BERNARDI DE LARROQUE DE CASSAVER [1]

Anno Domini M° CC° quinquagesimo, IIII° nonas junii [2], venit Bernardus de Laroque de Cassaver ad monasterium Sordue et ibidem dedit Deo et Sancto-Johanni de Sordua, pro redemptione anime sue et parentum suorum, unam jornatam terre et parum plus, que dicitur Lo camp de La Crodz, circa molendinum de Cassaver, in signum donationis hujus, posuit librum missalem super altare Sancti-Johannis-Babtiste, presentibus et testibus R. A. de Bortes [3], abbas, et Martinus [4], prior, et P. W. et B. et A. R. de Laguinge [5] et A. W. de Seis [6] et A. R. de Campania, monachus Sorduensis, et G. de La Sale [7] de Cassaver, miles, R. A. de Bortes, R. A. d'Urdassen, W. de Cortosie [8], B. de Sordua, En G. Tender, vicini Sordue, et plures alii.

(¹) Voy. les actes XVII, LXXXI et CLIII. — Le fief de Larroque de Cassaber, réuni à celui de La Salle, figure sur le censier de Béarn de 1385. (Arch. des Basses-Pyrénées, E. 306, f° 6.)
(²) La disposition de la date permet de lire : 1254 aux nones de juin ou 1250 le 4 des nones de juin.
(³) Raymond Arnaud de Bortes, abbé de Sorde, 1212-1254. — Voy. les actes LXXVIII, CXXIX, CLIV, CLIX, CLX, CLXVIII à CLXXII.

(4) Martin de Sorde, prieur de Sorde. — Voy. les actes CXIII, CXXI, CLXVI, CLXXVIII et CLXXIX.

(5) Arnaud Raymond de Laguinge figure aussi dans l'acte CLIX.

(6) Un autre Arnaud Guilhem de Siest est mentionné dans l'acte CVI.

(7) La Salle, fief dans la commune de Cassaber.

(8) Guilhem de Courtoisie mentionné aussi dans l'acte CLIX.

CLVIII

15 mai 1246

DE ECCLESIA ET DECIMA DE LEREN [1]

Notum sit omnibus hominibus presentem paginam inspecturis quod super causam de ecclesia et decima de Leren, que vertebatur inter abbatem et conventum Sorduensem, ex una parte, et filios de Leren, ex alia, fuerunt testes producti, scilicet hii sunt testes ex parte monasterii producti super donatione decime et ecclesio de Leren, facta a Bernardo de Leren [2], de consensu uxoris sue, Comdor, et filii sui, Arnaldi Raimundi, primogeniti ; secundo fuit illa donatio confirmata per A. Wilelmi et Guillermi Garsiam, filios dicti B.

R. A. [3], abbas Sorduensis, testis juratus, vidit quod B. de Leren, de consensu uxoris sue, Comdor, et filii sui, A. R. primogeniti, contulit, pro redemptione anime sue et parentum suorum, decimam de Leren, presente et et concedente Fortenerio de Mau Leon [4], Aquensi episcopo, monasterio Sancti-Johannis Sorduensis, et, ut moris est in dicto monasterio, dictus B. recepit librum missalem videlicet et posuit super altare, in signum donationis predicte. Interrogatus si fuit ecclesia de Leren data cum decima, respondit quod non recolit. Intentus quod anni sunt elapsi post istam donationem, respondit quod xxxta iiiior [5], parum plus vel minus ; de tempore, dictum mense novembri ; littera dominicalis, F. ; de die, dictum quod die lune post festum Sancti-Martini; precedente vero tempore, Arnaldus Wilelmi et Wilelmus Garsias, filii dicti B., confirmaverint donationem patris et posuerint librum super altare in signum donationis, sicut pater eorum fecerat sicut serius est expressum. Interrogatus quot anni sunt elapsi, respondit quod v vel vi [3], et de mense et die, non recolit.

A. W. de Leren, testis juratus, dixit illud quod abbas de facto patris, quod audivit a matre sua et a Izarnaut, avunculo suo, quod donatio fuit ita facta et credit firmiter ita esse. Dixit idem testis quod idem et frater suus, Guillermus G., confirmaverunt donationem patris, ut dominus abbas testificatur in suo testimonio. Hoc addito, quod ecclesia de Leren fuit donata cum decima et dederunt pro se, matre sua consenciente et presente, quicquid juris habebant in ipsis Deo et Sancto-Johanni Sorduensi.

Guillermus Garsias, testis juratus, dixit illud idem quod frater suus, A. Wilelmi.

S. A. de Marcha-Jusan, frater hospitalis d'Orduos [7], testis juratus. dixit auditu quod audiverit dici a pluribus quod B. de Leren dedit decimam de Leren monasterio Sancti-Johannis Sorduensis, et quod dicti A. W. et Guillermus Garsias, fratres, confirmaverint donationem patris sui B., secundum quod in primis testantur, et idem testis ita credit esse.

A. W. de Beguios, frater d'Orduos, testis juratus, dixit idem quod S. A. de Marcha-Jusan.

Morasteu [8], prior Sorduensis, testis juratus, dixit de donatione facta a B. de Leren idem quod dominus abbas, de donatione vero facta postea a filiis suis, dixit idem quod dominus abbas excepto quod non interfuit sed audivit statim et ita credit.

G. A. de Cortosie [9], testis juratus, dixit idem quod dominus abbas. Hoc addito, quod dominus B. de L'Abadie de Leren et dicti filii sui contulerint monasterio Sorduensi quicquid ipsi habebant in dicta ecclesia et decima de Leren.

Lupus Vergundi de Luxe [10] et B de Renguisen, capellanus

Aquensis, testes jurati, dicunt idem quod G. A. de Cortosie.

Verumtamen Arnaudus Wilelmi de Seserac, capellanus Salve Terre et canonicus Olorensis [11], judex a Sede Apostolica delegatus, auditis atestacionibus et de voluntate partium publicatis, intulit istam sententiam.

[1] Léren. — Voy. les actes LXXXI et CLIX.

[2] Bernard de Léren est aussi appelé Bernard de L'Abbadie de Léren. — Voy. l'acte CXX.

— [3] Raymond Arnaud de Bortes, abbó de Sorde, 1212-1254. — Voy. les actes LXXVIII, CXXIX, CLIV, CLVII, CLIX, CLX, CLXVIII à CLXXII.

[4] Fortaner de Mauléon, évêque de Dax, 1200-1212. — Voy. les actes CLIII et CLXVIII.

[5] Trente-quatre ans avant l'année 1246, date du présent acte, c'est-à-dire en 1213, où l'année avait pour lettre dominicale F. Le lundi après la Saint-Martin correspond au 18 novembre.

[6] Cette indication place la confirmation de la donation entre 1240 et 1242.

[7] Sancho Arnaud de Marque-Jusan. — « L'ostau de Marque-Jusaa, » situé à Saint-Dos, est indiqué comme vide dans le censier de Béarn de 1385. (Arch. des Basses-Pyrénées; E. 308, f° 15.) — Ordios, dans la commune de La Bastide-Villefranche, canton de Salies, arrondissement d'Orthez (Basses-Pyrénées), était un hôpital fondé en 1150 sur le chemin de Saint-Jacques de Compostelle.

[8] Maurasteu, prieur de Sorde. — Voy. les actes LXXVIII, CLIV et CLIX.

[9] Guilhem Arnaud de Courtoisie, moine de Sorde. — Voy. les actes CLIV et CLIX.

[10] Loup Bergon de Luxe, moine de Sorde. — Voy. les actes LXXVIII et CLIX.

[11] Arnaud Guilhem de Cézérac, prêtre de Sauveterre, chanoine d'Oloron. — Cézérac fait partie de la commune de La Bastide-Cézérac, canton d'Arthez, arrondissement d'Orthez (Basses-Pyrénées). — Sauveterre, chef-lieu de canton de l'arrondissement d'Orthez, dépendait de l'archidiacone de Gareux, diocèse d'Oloron.

CLIX

15 mai 1246

DE SENTENCIA DATA SUPER DECIMAM DE LEREN

In nomine Dei eterni, ego A. W. de Seserac, judex a Sede Apostolica delegatus, auditis rationibus utriusque

partis, quarum, per confessiones partium et productiones
testium, mihi constitit evidenter jus et proprietatem decime
et ecclesie de Leren pertiñere ad monasterium Sorduense,
sententiando pronuntiavi hospitalarios de Urduos [1] debere
super dicta decima et ecclesia supradicto monasterio res-
pondere cum possessor rei debeat merito conveniri. Datum apud Sorduam, die Mercurii post festum Ascensionis,
Anno domini м° c° xl° vi° [2]. Auditores et visores hujus
rei fuerunt R. Arnaut de Bortes, abbas Sorduensis, M. [3],
prior, G. A. de Cortosie, Lupus Vergundi de Luxe, B. de
Castelon [4], B. de Beasquen [5]. Per W. de Camer [6], monachi Sorduenses, B. de Renguisen, capellanus Aquensis,
R. W. de Nierz [7], capellanus Sorduensis, Per A. capellanus d'Escos. P. de Mas, diaconus de Pollon [8], B. de
Oreite, clericus Salve Terre [9], A. W. de Biguios, S. Arnaut de Marque-Jusan, Per d'Aranquein [10] A. W. Gava-
din, G. deu Noger, fratres de Orduos, A. de La Campaine [11], Amicus de Lagent [11] Per A. de Quatras, A. W.
de Cortosie [13], Per B., Ar. R. de Campaine [14], A. deu
Port [15], A. R. de Leginge [16], W. de Cortosie, R. W. de
Bitein [17], R. A. Filaster, J. de Poiou, capellanus de Sen-
Cric [18], M. de La Faurge, A. W. de Leren, W. G., frater ejus.

[1] Ordios.
[2] Cette date correspond au 15 mai 1246. — Il y a une erreur du
copiste qui a omis le chiffre C. — Raymond Arnaud de Bortes fut
abbé de Sorde de 1212-1254. — Nous ne mettons pas de notes aux
noms des témoins qui figurent dans l'acte précédent.
[3] Maurasteu.
[4] Barthélemy de Casteillon. — Voy. les actes LXXVIII et CLIV.
[5] Bonet de Béhasque, mentionné dans l'acte LXXVIII.
[6] Pierre Guilhem de Came cité dans l'acte LXXVIII.
[7] Raymond Guilhem de Niert. — Niert est le nom d'un domaine
situé dans la commune de Sorde.
[8] Pierre de Mas, diacre de Pouillon.
[9] Bernard d'Oréite, clerc de Sauveterre. — Oréite est aujourd'hui
une section de la commune de Sauveterre-de-Béarn.
[10] Arancou.
[11] Arnaud de La Campagne, mentionné dans l'acte LXXVII.

[1] Amic de Lageut cité dans l'acte CLIV.

[2] Arnaud Guilhem de Courtoisie. — Voy. l'acte CLIV.

[3] Arnaud Raymond de Campagne, moine de Sorde. — Voy. l'acte CLVII.

[4] Arnaud du Port figure dans l'acte CXXXVIII.

[5] Arnaud Raymond de Laguinge. — Voy. l'acte CLVII.

[6] Raymond Guilhem d'Abitain. — Abitain est une commune du canton de Sauveterre, arrondissement d'Orthez (Basses-Pyrénées).

[7] Jean de Puyóo, prêtre de Saint-Cricq-du-Gave.

CLX

Entre 1212 et 1254

DE CENSU JORDANE DE CASSAVER IN ARTIGUEBAUDE [1]

Jordana de Cassaver accepit de manu R. A., abbatis, de Bortes [2], et monachorum Sordue, in feodum, duas jornatas terre vel plus in Artiguebaude, juxta fluvium [3], tali pacto ut annuatim in Assumptione Sancte-Marie vi denarios Morlanenses et gallinam Sorduensi monasterio persolvat, et pro ea drei e lei in manu abbatis faciat, et eum tanquam dominum recognoscat.

[1] Voy. l'acte CLIII.

[2] Raymond Arnaud de Bortes, abbé de Sorde, 1212-1254. — Voy. les actes LXXVIII, CXXIX, CLIV, CLVII à CLIX, CLXVIII à CLXXII.

[3] Le Gave d'Oloron.

CLXI

DE CENSU DE VIC-SUZO ET DE VILLA
DE GORON-SUZO E JUZO, DE PEYROS, DE CASTEILHON,
DE URDAIXEN ET DE OYRE

Inter cetera que memorie scriptura mandavimus, censum quoque qui debetur de Bic-Suson et de corpore ville similiter de Gorou-Juson et de Goron-Suson, de Peiros, de Castelon, de Urdassen et de Oira valde necessarium scribere duximus. Dicamus itaque primum de Bic-Suson :

Fort Gassies de Bic-Suson debet dare vi panes, unam concam annone, unam gallinam, viii^{to} sextarios de pomade, quando vicem habuerit, et debet secare [1] et omne servile opus agere.

Lo casau dejusj debet dare tantumdem. excepto quod pomatum non debet dare. et debet sarclar, secar et omnia servilia facere.

Lo casau For Arrivau debet dare eadem et facere eadem que predictus Fort Gassies.

Lo casau Guillem Aurele similiter.

Lo casau Fortaner de Le Biele similiter.

Lo Guilem de Le Culture similiter.

Lo Sazie Bordou similiter.

Lo Force Pelasset similiter.

Lo Guilhem Maloc similiter.

Lo Guilem Barceit similiter.

Lo Castan Massoer similiter, excepto pomato.

Lo de Ague Caute [2] similiter, excepto pomato.

Lo de Læ Forcade similiter

Lo Ne Drude similiter, sicut Fort Garssias de Bic-Ssuson.

Lo Bergon Mau Porter similiter.

Lo Beite Ninar similiter, excepto pomato.

Lo casaled inter Beite Ninar e Arremon Guilem de Le Carrere dat eadem et facit que Fort Garssias de Bic-Ssuson.

Lo Guilem Arremon de Le Vile similiter.

Lo Noger similiter, excepto pomato et si fuerint ibi duo vel tres vel quatuor casaus similiter, excepto pomato.

Lo Brasc Figau similiter sicut Forto Garssius.

Lo Arremon Sanz de Le Bile similiter, excepto pomato.

Lo casau Fortou d'Arencei similiter, excepto pomato.

Lo Guilem Pages similiter, excepto pomato.

Lo Arremou Brasc similiter, excepto pomato.

Lo Marie de Arrivade similiter, excepto pomato.

Lo casau Lob Segui au Juncar vi panes, concom annone unam, gallinam unam, viii sextarios pomati vel xii nummos unoquoque anno, si placuerit magis ei qui servicium fecerit. Debet etiam sarclar, secar, poma colligere, femeiar, carreiar per unam diem in euendo [3], per aliam in redeundo, si boves vel asinum habuerit. Hoc idem faciunt omnes predicti.

[1] *Scier le blé* est la locution employée aujourd'hui dans le pays.
[2] Ce nom indique qu'il y a une source thermale.
[3] Pour *eundo*.

CLXII

DE GORON-SUZOO

Lo casau Gassie Arremou debet dare vi panes, unam concam annone, unam gallinam, si boves habuerit cum duobus ibit arare. semel in anno e aparelar [4] alia vice e afemeiar in eadem villa e acarreiar, et si non habuerit, nisi unum bovem ad hec predicta ibit cum illo. Dabit similiter unum hominem a sarclar semel e assegar [4] alium semel.

Lo Johan Aner casau debet facere hec eadem scilicet debet dare vi panes, unam concam annone, unam gallinam, debet arare semel e aparelar e acarreiar e femeiar, sarclar, segar.

Lo casau Doda de Le Forcade, ke part ab den Bardou, dat vi panes, unam concam annone, unam gallinam, debet arar, aparelar, carreiar, femeiar, sarclar, segar.

Lo casau Auric de Le Forcade dat vi panes, concam annone, gallinam, debet arar, aparelar, carreiar, femeiar, sarclar, segar.

Lo casau inter lo Doda de Le Forcade et Auriou es lausedat [3].

Lo casau Gassie Furt dat vi panes, concam annone, gallinam. debet arar, aparelar, carreiar, femeiar, sarclar, segar.

Lo casau ke ten Bergon Arnaut dat vi panes, concam annone, gallinam, debet arar. aparelar, carreiar, femeiar, sarclar, segar.

Lo casau Doad Mihou dat vi panes, concam annone, gallinam, debet arar, aparelar, carreiar, femeiar, segar.

Lo casau Gassie Ssabater e Andregot, ssa moler, dat vi panes, concam annone, gallinam, debet arar, aparelar, carreiar, femeiar, sarclar, segar.

Lo casau Forzans e Ssance, ssa moler, dat unam concam frumenti e per fiul ke prengo deu senhnor, debet arar, aparelar, carreiar, femeiar, sarclar, segar.

In le boerie de Goron-Suson misit abbas, Anerius [4], Gassie Furt, propter unum casau quem ei abstulit in villa de Sordua et dedit ei medietatem dicte boerie, alteram medietatem sibi retinuit. Si tamen ei reddiderit unum casau in villam, de quo reddat servicium, sicut unus de reliquis, recuperabit datam medietatem.

Notandum autem quod omnes casales similiter debent dare iii solidos Morlanensis monete pro convivio.

[1] Préparer la terre.
[2] Secare.
[3] Vacant.
[4] Ainer, abbé de Sorde, 1105 à 1119. — Voy. les actes VIII, XXI, XXII, XXXVI, XLIX à LII, LVII à LXI, LXIII, LXVII, LXVIII, LXXVI, LXXVII, LXXX, LXXXVIII, XC, XCVI, CII et CXIV.

CLXIII

DE NASSA DE GORON

Nassam quam faciunt Goronenses non debent facere, quam terra que est ex utraque parte est rusticorum Sancti-Johannis, qui sunt in Goron.

CLXIV

DE INSULA DE GLEBE-MEYA

Insula que est citra debet esse Sancti-Johannis vel rusticorum ejus de rivo de Clavera e deu port Susana in sus.

CLXV

Entre 1150 et 1167

DE FINE QUEM FECIT ARNAUDUS ANERIUS DE VIRIDARIIS

Arnaudus Anerius de Goron habebat querimoniam adversus Sanctum-Johannem de tribus viridariis. De illo quod est in Esterous e de illo quod est in Bodiukes et de illo quod est in Postis [1], ideo quod Sanctus-Johannes accipiebat medietatem de illis. Dicebat namque se injuste ammittere illas medietates, abbas vero, Arnaudus Boniou [2], et alii monachi hoc contradicebant. Tandem fecerunt finem talem scilicet quod Sanctus-Johannes retinuit medietates de Esterous e de Bodiukes, ita tamen quod Sanctus-Johannes illas medietates custodiat sicut est necesse. Ille vero Arnaldus Anerius retinuit ex toto viridarium de Postiz, affirmante abbate et aliis monachis. Dedit etiam A. Anerius fidejussores Johannem de Monleudic [3], W. Arnaudum deu Berger [4], quod nec ipse nec sua projenies facerent querimoniam adversus Sanctum-Johannem de predicto placito. Super hoc et A. Anerius concessit dare integrum censum quod debebat dari pro tota terra illa, cum tamen dicetur se non debere dare nisi secundam illam partem quam accipiebat.

[1]. Poustis. — Voy. les actes CXVIII et CLXXVIII.
— [2] Arnaud Boniou, abbé de Sorde. 1150-1167. — Voy. les actes IV.

LXIV, CVI. CVIII, CXI, CXIII, CXVII, CXVIII, CXXI, CXXVIII, CXLII, CXLIII, CXLVIII, et CLXVII..

(¹ Ce personnage est mentionné dans l'acte CLXXXII.

(²) Guilhem Arnaud du Berger, cité dans les actes CXVII, CLXIX et CLXXXII.

CLXVI

Entre 1176 et 1186

DE ARCEUTO DE CASALI DE LA FIITE CUM

PERTINENCIIS SUIS QUOD TENET CONDOR. DOMINA DE SENT-CRIC ¹,

DEJOTZ LA VIELE DE SORDE

Notum sit omnibus tam presentibus quam futuris quod Arnaldus Garsie de Le Fite annuatim convivium, quod diu negaverat, ob casalem de Le Fite Sancto-Johanni, finem faciendo concessit, scilicet ut tam ille quam qui terram de Le Fite possederit abbati, se nono, annualem refectionem cum novem equis et decem famulis preparet. Hoc autem factum est in presentia Bernardi de Le Carrere, Sorduensis electi (²), Amati de Mor (³), Bernardi de Goron (⁴), Martini (⁵) et aliorum fratrum et Raimundi Bernardi de Urdassen (⁶), Helye (⁷), Petri Arromieu (⁸) et aliorum quamplurium.

¹ Condor, dame de Saint-Cricq-du-Gave, était fille du premier lit de Pierre Arnaud de Saint-Cricq, chevalier. — Voy. l'acte CLXVIII.

² Il faut lire Bernard de Lacarre, abbé élu de Sorde. — Il fut abbé de 1176 à 1186.

³ Amat de Mor, moine de Sorde. — Voy. les actes IV, LXIV, CXII, CXIII, CXVII à CXIX, CXXI, CXXVIII à CXXX, CLXXVIII à CLXXX et CLXXXII.

⁴ Bernard de Goron, moine de Sorde, mentionné dans les actes CLXXIX et CLXXXII.

⁵ Martin de Sorde, moine de l'abbaye, cité dans les actes CXIII, CXXI, CLVII, CLXXVIII et CLXXIX.

⁶ Ce témoin est mentionné dans l'acte XXXV.

⁷ Hélie de Sorde. — Voy. les actes CXVII, CLXXIX et CLXXXII.

⁸ Pierre Romieu. — Voy. les actes CXVII et CLXXIX.

CLXVII

Entre 1150 et 1167

DE L'ARCIUT QUE DEU FAR LO CASAU DE PEIROS QUOD TENET NA GUOASEN DE SENT-PE [1] ET SUCCESSORES SUI

Auriane d'Arberatz [2] post mortem Garsie Arnaldi de Leren [3], viri sui, accepit alium virum scilicet Arnaldum d'Ancist cum quo veniens ad Arnaldum Boniou [4], abbatem Sancti-Johannis, et ad fratres ejusdem loci petierunt ab eis ut darent sibi terram. Abbas autem, habito cum fratribus consilio, dedit eis quendam casalem a Peiros cum terris pertinentibus ad casalem, tali conditione interposita quod facerent dreit e lei in manu abbatis et darent fidejussores presenters ad mandatum abbatis et arciut abbati cum quinque equitaturis et sex famulis annuatim perpetuo prepararent. Terram autem istam sub predicta conditione, pro se et generatione sua, Auriana et Arnaldus, vir suus, prout diximus, acceperunt.

[1] Gouazen de Saint-Pé-de-Léren. — On retrouve le nom de cette femme dans celui d'un domaine, situé à Saint-Cricq-du-Gave, qui s'appelle *Gonazenite*.

[2] Des membres de cette famille figurent dans les actes XXXI *bis*, LXXIX et CXVII.

[3] Garsie Arnaud de Léren, mentionné dans l'acte XLII.

[4] Arnaud Boniou, abbé de Sorde, 1150-1167. — Voy. les actes IV, LXIV, CVI, CVIII, CXI à CXIII, CXVII, CXVIII, CXXI, CXXVIII, CXLII, CXLIII, CXLVIII et CLXV.

CLXVIII

Août 1212

DE TESTAMENTO QUOD FECIT P. A. DE SEN-CRIC, DOMINUS DE FONTEYRRES [1], IN MORTE SUA

Anno ab incarnatione Domini m° cc° xii°, mense augusto, regnante Othone [2], imperatore Romano, Philippo in Fran-

cia [9], Johanne in Anglia [4], Petrus Arnaudi de Sancto-
Ciriaco [5], miles et dominus casalis de Fontaeres, inter
cetera, de consensu unice filie sue legitime, nomine Comdor [6], in testamento suo, in redemptione anime sue et
parentum suorum, reliquid [7] casalem predictum, cum omnibus terris et pertinentiis suis, monasterio Beati-Johannis de
Sordua. Ita tamen si eadem filia et unucus [8] filius suus
parvulus, quos habebat de diversis uxoribus, decederent
sine prole, quia nullus alius succedebat heres prenomi-
nato casali, superaddidit etiam huic testamento quod
neutra prefata proles haberet potestatem distrahendi eandem terram, hoc est vendendi vel pignorandi alicui po-
tentum, unde posset oriri aliquid impedimentum monasterio Sorduensi, super memorata terra et pertinentiis suis.
Dixit etiam quod neutra memorata proles, nisi maxima
imminente penuria, haberet potestatem ponendi in pignore terram prenominatam. Hanc concessionem fecit in
manu dompni R. A. de Bortes, tunc electi Sorduensis [9],
et monachorum ejusdem monasterii, videlicet Donati, sa-
cerdotis et sacriste, R. de Teus, diaconi. Testes hujus
donationis sunt : magister Bernardus, capellanus et frater ejusdem monasterii, R. G. de Bortes et R. G., filius
ejus, Petrus de La Fite, Marcader d'Alaruc, G. Amoros
de Salies, magister Rogerius, medicus domini F., Aquensis episcopi [10], domina Merevella, filia L. G., vicecomitis
d'Aorte [11], et uxor dicti Petri Arnaldi, R. A. de Le Sale de
Oire [12], W. A. de Sancto-Ciriaco et multi alii utriusque sexus.

[1] Pierre Arnaud de Saint-Cricq figure déjà dans l'acte CXX.
[2] Othon IV, 1209-1218.
[3] Philippe-Auguste, 1180-1123.
[4] Jean-Sans-Terre, 1199-1216.
[5] Pierre-Arnaud de Saint-Cricq.
[6] Condor, dame de Saint-Cricq, mentionnée dans l'acte CLXVI.
[7] Pour *reliquit*.
[8] Pour *unicus*. — L'enfant dont il est ici question était le fils
de Pierre Arnaud de Saint-Cricq et de Merveille d'Orthe, sa seconde
femme, citée plus bas.

— (*) Raymond Arnaud de Bortes, abbé de Sorde, 1212-1254. — Voy. les actes LXXVIII, CXXIX, CLIV, CLVII à CLX, CLXIX à CLXXII.

(¹⁰) Maître Roger, médecin de Fortaner de Mauléon, évêque de Dax ; celui-ci administra son diocèse de 1200 à 1212.

(¹¹) Merveille, fille de Loup Garsia, vicomte d'Orthe, 1177-1212, femme de Pierre Arnaud de Saint-Cricq.

(¹²) Œyre-Gave.

CLXIX

Entre 1212 et 1254

DE CENSU QUOD DEBET FACERE SERENA DEU PORTAU
PRO VIRIDARIO

Oliverius del Portau (*) accepit de manu R. A. de Bortes (*), abbatis, et monachorum Sorduensium, in feudum quandam terram cujus extremitas tangit rivum euntem ad molendinum, tali pacto ut annuatim in Natali Domini duodecim morlanos monasterio Sorduensi persolvat et pro ea dreit e loi in manu abbatis faciat, et eum ut dominum suum recognoscat.

(*) Olivier du Portau est cité dans l'acte suivant. — Les restes des portes de Sorde existent encore à l'est de la ville.

— (*) Raymond Arnaud de Bortes, abbé de Sorde, 1212-1254. — Voy. les actes LXXVIII, CXXIX, CLIV, CLVII à CLX, CLXVIII, CLXX à CLXXII.

CLXX

Entre 1212 et 1254

DE CENSU QUOD DEBET FACERE AYMERICUS DE CAMON
PRO VIRIDARIO

Aimericus de Camon accepit de manu R. A. de Bortes, abbatis (*), et monachorum Sorduensium, in feodum quandam terram cujus extremitas tangit terram Oliverii deu Portau, tali pacto ut annuatim in Natali Domini duodecim morlanos monasterio Sorduensi persolvat, et pro ea ipse vel ejus progenies vel quicunque terram dictam tenuerit abbatem ut suum dominum recognoscat.

— (¹) Raymond Arnaud de Bortes, abbé de Sorde, 1212-1254. — Voy. les actes LXXVIII, CXXIX, CLIV, CLVII à CLX, CLXVIII, CLXIX, CLXXI et CLXXII.

CLXXI

Entre 1212 et 1254

DE CENSU PETRI DEU TIL PRO TERRA

Petrus deu Til accepit de manu R. A. de Bortes, abbatis (¹), et monachorum Sorduensium, in feodum quandam terram cujus extremitas tangit caminum ducens ad Sanctum-Jacobum (²), tali pacto ut annuatim in Natali Domini XII morlanos monasterio Sorduensi persolvat et pro ea dreit e lei in manus abbatis faciat, et eum tanquam dominum recognoscat.

— (¹) Raymond Arnaud de Bortes, abbé de Sorde, 1212-1254.

(²) Le chemin de Saint-Jacques de Compostelle. C'est aujourd'hui en partie le chemin de grande communication de Peyrehorade à Escos.

CLXXII

Entre 1212 et 1254

DE CENSU AMATI DEU SOLER PRO VIRIDARIO

Amatus deu Soler accepit de manu R. A. de Bortes, abbatis (¹), quandam terram in riveira de Leren (²), tali pacto ut annuatim in Natali Domini vi denarios monasterio Sorduensi persolvat et pro ea dreit e lei in manu abbatis faciat.

(¹) Raymond Arnaud de Bortes, abbé de Sorde, 1212-1254.
(²) Dans la plaine de Léren.

CLXXIII

XIIᵉ siècle

ISTA HABET MONASTERICM SORDUENSE IN VILLA
DE SALINIS ANNUATIM

Lo Casterar xviii denarios in Natale Domini.
Terra Sancii de Favas que est prope lo Casterar xviii denarios.
Arricau xviii denarios.
Terra B. Pauque ix denarios.
Terra Biverne ix denarios.
Terra Podeferii xv denarios.
Domus Arnaudi de Lana iii denarios.
Geraldi Cozini xii denarios.
Lo casau Wilelmi Brasqui vi denarios.
Aula Sancti-Johannis vi denarios.
Lo casau Duranni dou Borc xx denarios.
Lo casau Petri Ferran iii solidos et iiii denarios.
Campana de Nerbasc ix concas salis in Natale.
Arricau xii concas in augusto.
Bauque xii concas in augusto.
Campana Bono Sarracene vi concas in augusto.
Campana Grane vi concas in augusto.
Campana de Maubec ix conquas in augusto.

(¹) Salies, arrondissement d'Orthez (Basses-Pyrénées).
(²) Au commencement du XVIᵉ siècle dans le censier de Salies on

trouve le domaine rural de *Gislérar*, contenant quinze arpents.
(Arch. des Basses-Pyrénées, B. 802, f° 2.)

⁽²⁾ On trouve dans le censier de Béarn de 1385 à Salies « l'ostau
d'Arnaut Guilhem de Favas ». (Arch. des Basses-Pyrénées, E. 306, f° 5.)

⁽³⁾ Dans le censier de Salies de 1760 se trouve « Per Arnaud de
Aricau. » (Arch. des Basses-Pyrénées, B. 766, f° 2.)

⁽⁴⁾ « L'ostau de Berdolet de Lana » 1385. (Censier, f° 6.)

⁽⁵⁾ Nous ne savons si ce domaine resta sous le nom de *La Saile*
(traduction du mot *aula*) ou sous celui de *Sait-Jian*. — En 1385 on
trouve à Salies « l'ostau de Bertranet de La Sale » et « l'ostau de
Not Guilhem de Sent-Johan. » (Censier, f° 5.) — Un des flefs de Salies portait à la même époque le nom d'*ostau de La Sale*. (f° 6.)

⁽⁶⁾ « L'ostau de Gassiot deu Borc. » (Censier de 1385, f° 5.)

⁽⁷⁾ « L'ostau de Goalhardoo de Narbasc » et « l'ostau de Monaut
de Narbasc » en 1385. (Censier, f° 5.)

CLXXIV

ISTI SUNT CASALES DE CASTEILHON

Casalem darere Fontan tenemus. Casalem Arnaldi Ber-
gon de Castello tenet Johannes Coqus. Casalem ne Berdu-
neut tenet R. G. de Bortes. Casalem de Puit, qui fuit Carto de
Larrue, tenet Madilie dæ Larrue. Casalem Arnaldi Bilan tenet
Balargue de Forcade. Casalem d'Arrencei tenet Peirone de
Castelo. Casalem d'Augue-Caute ⁽¹⁾ tenet Petrus de Caremau.
Casalem Xristiane de Le Faurie tenet Petrus de Bortes.
Casalem d'Aremile tenet Amade de Castelon et Peirona
predicta. Casalem Petri de Bavaren tenet Wilelmus A. de
Larrue. Casalem Wilelmi de Quincam ⁽²⁾ tenet filius ejus
prenominatus, W. A. de Larrue. Casalem Gualarde de
Lotaz tenet filia ejus, Gualarde. Casalem de Tai tenet
Johane de Son. Casalem Petri de Castelo tenet filia ejus,
Peirone de Pardies.

Le terre quam tenet P. A. de Bavaren in Catelon debet dare annuatim XII denarios.

⁽¹⁾ Ce nom indique une source thermale.
⁽²⁾ Le nom de Quincamps se retrouve sur la carte de Cassini.

c'est un quartier d'Ossages. Sur la carte du Dépôt de la guerre on lit *Quincam*.

CLXXV

CASALES D'URDAIXEN [1]

Curtei casau d'Urdassen debet dare in Natale Domini VI panes, concam avene, gallinam, porcum si habuerit in domo sua vel in aliena, debet etiam boiar [2], arar, aparelar, sarclar, segar, fomeiar, carreiar et omne opus servile facere sicut rusticus domino suo. Hoc idem debent facere alii rustici, excepto porco, quos habet Sanctus-Johannes in Urdassen et debent singuli unum broz de leine [3] deferre Sancto-Johanni usque ad portum de Sordua et hoc tantum annuatim.

(1) Urdaix.
(2) Travailler avec des bœufs.
(3) Une charretée de bois.

CLXXVI

DE CENSU ET DECIMA D'ARSAGUE [1]

Ad cognitionem perveniat singulorum quod ecclesia Sancti-Johannis d'Arsague et terra juxta ecclesiam et decima, del barat darrer Mieiebile en bat qui aten entrou l'Orzou [2] en sus, est Sancti-Johannis de Sordua, tamen illud quod est infra dictos terminos dividunt per medium domus de Sordua et domus de Pugro [3] scilicet decimam casalium de Mieibile, de Casaus, de Berger, de Arrac [4], de Morar, de Cornau.

(1) Voy. l'acte CLI.
(2) L'Ourseau ou Oursèo, ruisseau qui prend sa source dans la

commune d'Orthez (Basses-Pyrénées) et se jette dans le Luy-de-Béarn, près d'Amou (Landes).
(*) Voy. l'acte CLI.
(*) La maison Darracq figure sur la carte du Dépôt de la guerre.

CLXXVII

DE ECCLESIA ET DECIMA ET DE MANSO DE BONUT [1]

Similiter ecclesia de Bonut et decima tocius parrochie et mansum de Lebat cum pertinenciis suis est Sancti-Johannis de Sordra et est certum quod mansum istud nunquam dedit fidejussorem ulli hominum nec vicecomiti, sed est camera abbatis Sordue, et ipse abbas potest accipere de rebus dicti mansi pro voluntate sua quantum voluerit et dimittere quantum sibi placuerit.

[1] Bonnut. — Voy. les actes I, LI, CXLIII et CXLVIII.

CLXXVIII

1er novembre 1170

DE AURIAT DE LARREBAIG [1]

Auriat de Larrerbait, uxor Raimundi de Sseiresse [2], venit post mortem ejusdem cum filio suo, Bernardo, ad W. Bernardum [3], abbatem, et quesivit ab eo et a reliquis fratribus quandam terram ad plantandum apud Sanctum-Pantaleonem [4] terram scilicet que vocatur A Sozpont, quia subtus pontem est in margine fluvii qui dicitur Lui [5]. In hac terra erant c pomaria minus v, que plantaverat Raimundus d'Arreura [6] et acceperat hanc terram ab avunculo suo, Johanne de Postiz [7], cum adhuc puer esset. Raimundus iste dedit secum Sancto-Johanni istam terram cum tota alia terra de Postiz, sicut alibi plenius scriptum est. Abbas autem cum fratribus suis, scilicet Amato de Mor [5], Bonefaci de Scudos [9], Martino [10] et cum aliis omnibus, dedit predicte Auriat et filio suo, Bernardo, totam illam terram, et preterea tantam alibi in margine ejusdem fluvii, ut tam hec quam illa posset capere ccc pomaria. Dedit etiam illis illam terram que est de subtus hospitale, ubi posset facere mansum. Ipsa quoque et filius ejus fecerunt hominium abbati et debent dare annuatim, tam illi quam eorum progenies, ad Nativitatem II solidos Pictavensis monete, similiter dreit e lei. Fidejussores sunt Petrus de Mariancou, Guilem de Gass, dominus de Incamp [11]. Donatio autem fuit facta in Sorduensi capitulo, die dominica in festo Omnium Sanctorum, anno M° C° LXX° ab incarnatione Domini. Testes et visores sunt : Arremir de Urdassen, Bonefacius Aquensis [12] et alii multi.

[1] Il y a dans la commune de Gàas, canton de Pouillon, arrondissement de Dax (Landes), un domaine du nom de Larrebaigt.

[2] Seyresse, commune du canton et de l'arrondissement de Dax (Landes).

[3] Guilhem Bernard de Came, abbé de Sorde, 1167-1172. — Voy. les actes CV, CXIII, CXXI, CXXVII, CLV, CLXXX et CLXXXI.

[4] Saint-Pandelon. — Voy. les actes II, LXXXI et CXLIII

[5] Le Luy-de-Béarn. — Il y a un pont sur cette rivière pour la route de Dax.

[6] Raymond « de Arreura » qui se fit moine à Sorde. — Voy. l'acte CXVIII.

[7] Jean de Poustis, est le même que Jean de Saint-Pandelon, seigneur de Poustis, mentionné dans l'acte CXVIII.

[8] Amat de Mor, moine de Sorde. — Voy. les actes IV, LXIV, CXII, CXIII, CXVII à CXIX, CXXI, CXXVIII à CXXX, CLXVI, CLXXIX et CLXXXII.

[9] Boniface de Saint-Dos, moine de Sorde, mentionné dans les actes C, CXIII et CXXI.

[10] Martin de Sorde, moine de Sorde. — Voy. les actes CXIII, CXXI, CLVII, CLXVI et CLXXIX.

[11] Guilhem de Gàas.

[12] Boniface de Dax.

CLXXIX

1170

Ego Baie de Oire, domina de Camiade, dedit Deo et
Sancto-Johanni filium meum, Fortonem, ut monachus fieret, in presentia W. Bernardi, abbatis [2], Amati de Mor,
Martini [3], Arnaudi Peregrini [4], Bernardi de Goron [5] et
ceterorum monachorum, et hoc in Sorduensi capitulo et
dedi cum eo totam partem altaris quam habebam in ecclesia Sancte-Marie de Oire [6] scilicet quartam. Dedi etiam
partem decime quam habebam en casau Forton de Yma-
gou et in omnibus terris ejus. Similiter en casau Arnau-
det, dominum de Senzsumblet et in omnibus terris ejus.
Similiter en casau de Le Sale et in omnibus terris ejus
et in omnibus terris, quascunque ille qui fuerit dominus
de Le Sale excoluerit proprio aratro. Similiter en casau
de Camiade et in omnibus terris ejus. Similiter in omnibus terris que sunt de Le Fite, excipitur illa cultura
que est in Pursou et viridarium deu Peiregan et illa cultura que est in capite istius viridarii, attingens usque
ad ripam de L'Ester scilicet au Cassou d'En Canart. Dedi
etiam illam partem decime quam habebam en casau Arnaut Sanz quod est dejus Domec et in omnibus terris
ejus. Et est sciendum quod de omnibus terris istorum
casalium quocunque modo dividantur per filios vel filias, sive
alienentur, Sanctus-Johannes semper decimas percipiet.
Notandum quoque quod de quarta parte episcopalis con-
vivii quam dant illi de Camiade, Sanctus-Johannes solvere debet quartam partem. Similiter Arnaudo, fratri For-
tonis, fuit in claustro sepultura concessa. Sciendum etiam
quod Forto i-te, qui factus est monachus, dedit fratri
suo, Arnaudo, xv jornatas terre, ut liberet mihi Baie et

sibi predictam decimam dare sine aliqua reclamatione.
Testes et visores sunt : Petrus de Perul, Arremon de
Isolt, Arnaut de Bergai et omnis populus de Oire. Testis est etiam Elyas de Sordoe [7], Wilelmus Arnaudus deu
Berger [8], Petrus Arromieu [9] et alii multi de Sordua. Factum est autem hoc anno M° C° LXX° ab incarnatione Domini. Signum quod ego feci.

(1) Œyre-Gave.
— (2) Guilhem Bernard de Came, abbé de Sorde, 1167-1172. — Voy.
les actes CV, CXIII, CXXI, CXXVII, CLV, CLXXVIII, CLXXX et
CLXXXI.
— (3) Amat de Mor, Martin de Sorde, moines de Sorde. — Voy.
l'acte précédent.
(4) Arnaud Pèlerin de Salies, moine de Sorde. — Voy. les actes
CXIX et CXXIX.
(5) Bernard de Goron, moine de Sorde, est mentionné dans les
actes CLXVI et CLXXXII.
(6) L'église Sainte-Marie d'Œyre-Gave est mentionnée dans les
actes XII, XXXIII et CXXVIII.
(7) Hélie de Sorde. — Voy. les actes CXVII, CLXVI et CLXXXII.
(8) Guilhem Arnaud du Berger est cité dans les actes CXVII,
CLXV et CLXXXII.
(9) Pierre Romieu déjà mentionné dans les actes CXVII et CLXVI.

CLXXX

1167

DE PLACITO QUOD FUIT INTER VICECONSULEM DE BEYGUR ET FRATRES SORDUENSES [1]

Semero Garciz, viceconsul de Beigur [2], abstulit violenter
Sancto-Johanni ecclesiam Sancte-Marie de Bolunce [3]. Et
notandum quod territorium Sancte-Marie adquisivit Wilelmus Martelli, abbas [4], a predecessoribus istius viceconsulis, sicut alibi plenius scriptum est. Territorium autem
tunc temporis erat nemorosum, incultum, in quo anti-
quissimo et dirute cujusdam ecclesiole sola vestigia non

satis apparebant. In hoc loco Wilelmus Martelli, abbas, cum Johanne de Bolunce [5] construexit ecclesiam, domos hedificavit, vineam, viridaria, nuces, reliquas arbores usui necessarias sufficient [6] plantavit. Hujus amenitate ergo loci simulque fertilitate bonorum instigatus invidia, predictus viceconsul donum suorum predecessorum rehabere male obtavit et obtatum aliquot annis possedit injuste. Tandem Deo et Sancto-Johanni id mutante in melius ad proclamationem Amati de Mor [7], Raimundi d'Agramont [8] et reliquorum monachorum intercessit pax inter eos et viceconsulem. Dederunt namque monachi c solidos Morlanensis monete viceconsuli et ipse firmavit donum predecessorum pro se et suis successoribus in perpetuum, per manum Brasc Garsies de Luxe [9] et Sanz Gale de Yvarole [10] et Gasiou de Larceval [11]. Facta fuit hec pax sub testimonio Bernardi de Lacarre [12] et fratrum suorum scilicet Arnaudi [13], Petri, similiter Bernardi Sancii de Cisa [14], Boneti de Hatce [15]; sub testimonio et quorumdam sacerdotum scilicet Wilelmi de Yvarola, Girau de Hospitali [16] et Brasconis de Sancta-Maria [17], ad ultimum in evidencia populi de Ostebad [18]. Anno m° c° lx° vii°. Tunc cum Willelmus Bernardus de Camer erat abbas [19], sed exul, et Amatus de Mor violenter occupaverat Sorduensem ecclesiam.

---

[1] Un extrait de cet acte a été publié par Olhénart (*Notitia*, p. 250). Nous ignorons pourquoi il l'a daté de 1168 au lieu de 1167.

[2] Semero Garciz. vicomte de Baïgorry.

[3] Olhonce. — Voy. l'acte VII.

[4] Guilhem Martel, abbé de Sorde, 1119-1136. — Voy. les actes V, VII, LXXIV, LXXVII, LXXXI à XC, XCII, XCVI, XCVII, XCIX, C, CIX à CXI, CXIV à CXVI, CXXX, CXXXVII, CXXXIX, CXL, CXLVI et CXLVIII.

[5] Jean d'Olhonce déjà cité dans l'acte CXXI.

[6] Pour *sufficienter*.

[7] Amat de Mor, moine de Sorde. — Voy. les actes IV, LXIV, CXII, CXIII, CXVII à CXIX, LXXI, CXXVIII à CXXX, CLXVI, CLXXVIII, CLXXIX et CLXXXII.

[8] Raymond de Gramont. moine de Sorde — Voy. les actes CVI, CXIII, CXVII, CXVIII, CXXI, CXXVIII et CXXIX.

(*) Brasc Garsie de Luxe est déjà mentionné dans les actes VIII, XLI, XLVII, LVII à LIX, LXXXIII à LXXXVI.

(**) Ibarrolle est une commune du canton d'Iholdy, arrondissement de Mauléon (Basses-Pyrénéés).

(*) Larceveau. — Voy. l'acte VII.

(**) Bernard de Lacarre, qui fut abbé de Sorde, 1176-1186. — Voy. les actes LXXXV et CXXI.

(**) Arnaud de Lacarre est mentionné dans les actes LXXXV et CXXI.

(**) Voy. l'acte VII.

(**) *Halce* correspond peut-être à Jaxu, commune du canton de Saint-Jean-Pied-de-Port, arrondissement de Mauléon (Basses Pyrénées).

(**) Probablement Ospital, ancienne chapelle et dépendance de la commanderie d'Irissarry. — Ospital est situé dans la commune d'Amorots-Succos, canton de Saint Palais, arrondissement de Mauléon (Basses Pyrénées).

(**) Il s'agit du fief de Sainte-Marie, dans la commune de Saint-Jean-de-Port, ou de celui de Sainte-Marie dans la commune de Larceveau qui faisait partie du pays d'Ostabaret, arrondissement de Mauléon.

(**) Ostabat, commune du canton d'Iholdy, arrondissement de Mauléon.

(**) Guilhem Bernard de Came, abbé de Sorde, 1167-1172. — Voy. les actes CV, CXIII, CXXI, CXXVII, CLV, CLXXVIII et CLXXIX.

CLXXXI

8 mai 1172

DE PLACITO ARNALDI DE LEGUINGE (*)

Tam posteris quam presentibus notum fore volumus quod Arnaudus de Leguinge, persuasione quorumdam adulantium et instinctu diabolico, decimam de Aques (*) violenter Deo et Sancte-Susanne et Sancto-Johanni de Sordua abstulit et eam tribus annis et eo amplius possedit. Dicebat namque quod in villa de Agues ecclesia antiquitus fuerat et eam rehedificare volebat, unde sicut ipsa villa ad suum spectabat dominium, eadem ratione decimam suam esse debere affirmabat, sed nulla ratione, nulla

legr, nulla antiquorum auctoritate idipsum tueri poterat.
Immo e contrario tota vicinia tam senum quam juvenum
reclamabat. Tandem de suo jure diffisus et tam villa de
Agues quam ipse excomunicatus venit ad W. Bernardum [3], abbatem, et fecit finem cum eo de facta injuria
penitens, et si quid juris habebat in decima illa, totum
sibi reliquid, mitendo missale super altare Sancti-Johannis, quod est in Sancta-Susanna [4], fecitque in testimonium hic crucem et ibi manu propria, ut nec ipse nec
ejus progenies audeat amplius hanc decimam repetere.
Dedit iterum abbati quod homines de Sancta-Susanna liberam haberent paduentiam in omnibus terris suis que
sunt circum circa videlicet in Aques et in Lanc-Pla [5],
et hoc quamdiu abbas vixerit. Vetabat etenim illis exceptis antiquis casalibus, qui sunt VII, totam in terra sua paduentiam quam omnes alii ex his VII exierant, noviter-
que hedificati fuerant. Similiter exigebat ab his VII propter paduentiam quam habebant quedam tributa injuste,
hoc et totum abbati dimisit, in vita ejusdem. Si tamen
abbas dum viveret posset eum super hoc convincere sine
ferro et bello per testimonium antiquorum esset pax in
perpetuum. Verumtamen abbas dedit Arnaudo de Leguinge c solidos Morlanensis moncte. Hoc totum factum
est apud Sanctam-Susannam in die Revelationis Sancti-
Michaelis [6], anno M° C° LXX' II° ab incarnatione Domini.
Testes sunt : Wilelmus Raimundi de Ortes [7], Gualardus,
frater ejus et canonicus Aquensis ecclesie, Maurinus de
Miuzens [8], Bernardus de Momui [9], Bernardus de Laskes [10],
Dodo de Baure [11], Raimundus de Fou [12] Wilelmus Raimundus de Sancta-Maria [13], Canbet de Lobin [14], Wilelmus
Arnaudus de Beit-Beder [15] et in presentia populi.

[3] Arnaud de Laguinge est déjà cité dans les actes VI, LXXXVI,
CVI et CXVI.

[4] Agoès, quartier de la commune de Sainte-Suzanne, près de
la motte féodale appelée aujourd'hui Peyrauhe.

— [5] Guilhem Bernard de Came, abbé de Sorde, 1187-1172. -- Voy.

les actes CV, CXIII, CXXI, CXXVII, CLV, CLXXVIII, CLXXIX et
CLXXX.

(⁴) Sainte-Suzanne. — Voy. les actes XLII, LXXIII, LXXXI, CXIII
et CXLVII.

(⁵) Lanneplàa. — Voy. l'acte CXLVII.

(⁶) 8 mai.

(⁷) Guilhem Raymond d'Ortes déjà mentionné aux actes CVI et
CXIII.

(⁸) Miossens. — Voy. l'acte CXXIX.

(⁹) Momuy, commune du canton de Hagetmau, arrondissement de
Saint-Sever (Landes).

(¹⁰) Lasque, section de la commune de Boueilh-Boueilho, canton
de Garlin, arrondissement de Pau (Basses-Pyrénées).

(¹¹) Dodon de Baure est rité dans l'acte CXIII.

(¹²) Hou. — Voy. l'acte CXIII.

(¹³) Sainte-Marie, ancien fief, dans la commune de Loubieng.

(¹⁴) Loubieng.

(¹⁵) Betbéder, quartier de la commune de Sainte-Suzanne, ou
Betbéder dans la commune de Loubieng.

CLXXXII

1176

DE DONO MARIE DE BEGUIOS, UXORIS G. ARNALDI,
DOMINA FUNDI (¹)

Maria de Biguios, uxor Wilelmi Arnaldi deu Berger (²),
et domina Fundi, possidens diu injuste causa reparande
ecclesie medietatem decime omnium terrarum suarum, quas
ipsa vel alius per ipsam colit in Amizo (³), reddidit eam
Deo et Sancto-Johanni, et alteram decime medietatem
dedit, consentientibus filiis suis, Petro Arnaldi (⁴) et Arnaldo Wilelmi (⁵), pro Bernardo, filio suo, ut fieret monachus et factus est. Dedit etiam partem suam altaris
Sancti-Martini de Amizo (⁶), scilicet mediam Deo et Sancto-
Johanni et preterea terram que possit capere c pomaria
quam ex parte plantatam debet plantare prelibatus Bernardus et tenere pro vestitu in vita sua et post vitam

reddere absolute Deo et Sancto-Johanni. Hoc autem factum est in presentia Bernardi, Sordue electi [7], Amati de Mor [8], Bernardi de Goron [9] et aliorum fratrum. Testes et visores sunt Helyas de Sordua [10], Johannes de Mou-Leudic [11], Guiraldus Arromiu [12] et alii quamplures. Anno M° C° LXX° VI° ab incarnatione Domini.

[7] Voy. les actes LVII, LXXIX et LXXXIII.

[8] Guilhem Arnaud du Berger figure dans les actes CXVII, CLXV et CLXXIX.

[9] Misson. — Voy. les actes XX, XXI, XLIII, LV et LXXXI.

[10] Pierre Arnaud du Berger mentionné dans l'acte CXX.

[11] Arnaud Guilhem du Berger ou de Bégsios, frère à Ordios. — Voy. les actes CLVIII et CLIX.

[12] Voy. les actes XLV et CXXXII.

[7] Bernard de Lacarre, abbé de Sorde, 1176-1186.

[8] Amat de Mor, moine de Sorte, — Voy. les actes IV, LXIV, CXII, CXIII, CXVII à CXIX, CXXI, CXXVIII à CXXX, CLXVI, CLXXVIII, à CLXXX.

[9] Bernard de Goron. moine de Sorde. — Voy. les actes XXXIX, CLXVI et CLXXIX.

[10] Hélie de Sorde. — Voy. les actes CXVII, CLXVI et CLXXIX.

[11] Voy. l'acte CLXV.

[12] Guiraud Romieu ou le Pèlerin.

CLXXXIII

DE CENSU CASALIS DE SOBER-FONTA QUOD
EST IN MASSEINHO [1]

Lo casau de Sober-Fontas qui est in Maceno debet dare in Natale Domini VI panes, unam concam annone, unam gallinam et in medio [2] VI denarios vel unam truitam valentem VI denarios.

Lo casau de Senguzas debet dare XVIII denorios in Natale Domini.

[1] Masseignou, commune de Cauneille, canton de Peyrehorade, arrondissement de Dax (Landes).

[2] Pour *studio*.

CLXXXIV

Miloleo fuit patre Stampensis inter Italiam et Apuliam, ubi est Sanctus-Angelus, matre vero Petragoricensis de Sancto-Asterio et de Sancto-Leone. In consecratione Sorduensis ecclesie fuerunt hic apostolicus Miloleo, Turpinus, Remensis archiepiscopus [1].

[1] La dernière page du ms. était remplie, sauf l'espace de quatre lignes, le copiste crut devoir combler le vide en insérant cette notice dont le texte est connu et la teneur apocryphe. Il convenait au monastère, qui se vantait de remonter à Charlemagne, d'écrire au bout de son cartulaire que le pape Léon III et le fameux Turpin, archevêque de Reims, avaient assisté à la consécration de l'église de Sorde. A vingt-cinq lieues de Roncevaux, Turpin n'était pas déplacé.

TABLE DES NOMS DE LIEU

Poy-de-Not, *Poi-de-No*, 120.
Poy-du-Senz, *Poi-deu-Senz*, 106.
Pradeit, 120.
Prat, maison, *Prad*, 117.
Prat (Le), maison, *Le Prad*, 128.
Pudchuete, maison, 105.
Pugro, maison, 127, 148.
Puit, maison, 147.
Pursou, 151.

R

Ramous (L'église Saint-Aignan de),
  Arremos, Arramos, 3.
Rasport, *Aresport*, 22.
Rivehaute (L'église Sainte Marie
  de), *Arribaute, Arribalda, Arri-
  balte*, 8, 73, 88.
Rome, 19.

S

Saint-Ange, *Sanctus-Angelus*, 158.
Saint-Astier, *Sanctus-Asterius*, 158.
Saint-Cricq-du-Gave , *Sen-Cric ,
  Sanctus-Ciricus, Sent-Cric*, 15,
  18, 66, 116, 119.
Saint-Cricq-du-Gave (L'église de),
  109, 121.
Saint-Cricq-du-Gave (L'étang de),
  30.
Saint-Cricq-du-Gave (Le bois de),
  121.
Saint-Dos, *Sendos*, 26.
Saint-Dos (L'église Sainte-Marie
  de), 13, 59, 77, 78, 107.
Saint-Dos-Juzon, *Sendos-Juson.* —
  Voy. Saint-Pé-de-Léren.
Saint Dos-Suzon , *Sendos-Suson* ,
  66, 106.
Sainte-Gelette, *Sente-Gelete, Sen-
  te-Gelede*, 120.
Sainte-Marie de Bonnut (L'église),
  39.

Sainte-Marie de Lanne (L'église),
  Sancta-Maria de Lane, 24.
Sainte-Marie de Rivehaute (L'é-
  glise), 74.
Sainte-Marie de Saint-Dos (L'égli-
  se), 13, 59, 77, 78, 107.
Sainte-Marie de Oeyre-Gave (L'é-
  glise), 12, 25, 108, 151.
Sainte-Marie d'Olhonce (L'église),
  6, 152.
Sainte-Suzanne, 33, 58, 66, 94, 154,
  155.
Sainte-Suzanne (L'église de), 122.
Sainte-Etienne de Lüa (L'église),
  122.
Saint-Félix de Garris (L'église), 71,
  87.
Saint-Gladie, *Sanctus-Lidorus*, 9.
Saint-Jacques (Le chemin de), 30,
  145.
Saint-Jean d'Arsague (L'église),
  127, 148.
Saint-Jean d'Auribat (L'église), 37.
Saint-Jean-de-Paulit (L'église), 37,
  91.
Saint-Jean d'Escos (L'église), 61.
Saint-Julien de Beyrio (L'église),
  68, 105.
Saint-Just (L'église de), *Ecclesiola
  Sancti-Justi*, 73, 103.
Saint-Léon, 158.
Saint-Martin de Bonnut (L'église),
  1, 39.
Saint-Martin de Came (L'église),
  86, 87, 100.
Saint-Martin de Misson (L'église),
  35, 112, 158.
Saint-Martin d'Orsanco (L'église),
  60, 100.
Saint-Martin de Sorhapuru (L'é-
  glise), 3.
Saint-Michel de Benesse (Le cime-
  tière de), 52.

TABLE DES NOMS DE PERSONNE

Philippe Auguste. roi de France,
142.

Pierre Arnaud, vicomte de Dax, 48.

Pierre Aurèle de Came, moine de
Sorde, 3, 63, 87, 93, 108, 109.

Pierre Guilhem, 99.

Pierre Romieu, 99, 141, 152.

Pierre Savary, 112.

Pinui, serf. 75.

Plassis (Arnaud Raymond de), 18.

Poey-Domenge (Raymond Martin
de), 124.

Poies (Bernard de), 50.

Pontoux (Jourdain, prieur de), 90.

Port (Arnaud du), 113, 135.

Portau (Olivier du), 144, 145.

Portau (Sereine du), 144.

Portes (Bernard de Baigts de), 42.

Pou (Galin de), 39.

Poui (Arnaut Raymond de), 39.

Pouillon (Guilhem Garsie de), 33,
35.

Pouillon (Ot Guilhem de), fils de
Guilhem Garsie, 35.

Pouillon (Pierre de Mas, diacre de),
135.

Poustis (Jean de), seigneur de
Saint-Pandelon. 100, 149.

Poyanne (Bertrand de), 90.

Préchacq (Arnaud Garin de), 39.

Préchacq (Pierre de) 91.

Pregani (Esi), 64.

Prugol (Garsie Arnaud de), 41.

Pui (Bernard de), 93.

Pumanar (Garsie de), 22.

Pumanar (Hilaceon de), 22.

Pumanar (Sancho de), 22.

Puyoo (Bernard de), moine de
Sorde, 84.

Puyoo (Guilhem Bernard de), fils
de Bernard, 85.

Puyoo (Jean de), curé de Saint-
Cricq, 135.

Q

Quatraz (Beliarde de), fille de Raymond Bernard, 27.

Quatraz (Bernarde de), 102.

Quatraz (Per Arnaud de), 135.

Quatraz (Raymond Bernard d'Urdaix et de), 27.

Quincam (Guilhem de), 147.

R

Raymond, curé de Camou, 82

Raymond, curé de Misson, 17.

Raymon, paysan de Sorde, 15.

Raymond Arnaud de Bortes, abbé
de Sorde, 62, 109, 129, 131, 132,
135, 136, 143, 144.

Raymond Brasc, 18.

Raymond Brasc, 137.

Raymond Fil, 108

Raymond Fort, 26.

Raymond Guilhem, 26.

Raymond Guilhem, mari de Gracie
de Saint-Cricq, 55.

Raymond Sanche, chanoine de
Bayonne, 7.

Regina Tota, vicomtesse de La-
Bourd, 96.

Reims (Turpin, archevêque de),
158.

Renguisen (Bernard de), curé de
Dax, 133, 135.

Rey (Guilhem), 101.

Riesende, sœur de Filh Bon, clerc,
78.

Rivehaute (Benoite de), 9, 74.

Rivehaute (Bonhomme de), 74.

Rivehaute (Loupon ou Loup de), 9,
74, 89.

Roger (maitre), médecin de l'évêque de Dax, 143.

Romieu (Guiraud), 157.

Romieu (Pierre), 99, 141, 152.

S

Sabater (Gassie), 139.
Saint-Boès (Arnaud Doat de), 41.
Saint-Boès (Arnaud Raymond de), 42.
Saint-Boès (Bernard de), 42.
Saint-Cricq (Paysans de), 51.
Saint-Cricq (Jean de Puyoo, curé de), 135.
Saint-Cricq (Anglaise de Saint-Martin, dame de), 19.
Saint-Cricq (Condor, dame de), 141.
Saint-Cricq (Eyquem Dat de), frère de Guilhem-Dat, 14.
Saint-Cricq (Forza-Dat de), sœur d'Eyquem Dat, 14.
Saint-Cricq (Gracie de), femme de Raymond Guilhem, 55.
Saint-Cricq (Guilhem Arnaud de), 143.
Saint-Cricq (Guilhem Dat de), 14.
Saint-Cricq (Pierre Arnaud de), chevalier, 102, 143.
Saint-Cricq (Raymond Falar, curé de), 55, 117.
Saint-Dos (Bergon Guilhem de), 33.
Saint-Dos (Bernard de), 70.
Saint-Dos (Boniface de), moine de Sorde, 83, 94, 103, 150.
Saint-Dos (Filh Bon de), champion de duel judiclaire, 122.
Saint-Dos (Forto Garsie de), 13.
Saint-Dos (Guasen de), 78, 83.
Saint-Dos (Guilhem Bergon de), 59, 78, 83.
Saint-Dos (Guilhem Sanche de), 13.
Saint-Dos (Loup de), curé de Sainte-Marie de Saint-Dos, 77.
Saint-Dos (Raymond Braso de), 70.
Sainte-Marie (Brascon de), 153.

Sainte-Marie (Guilhem Raymond de), 155.
Sainte-Marie de Bonnut (Doat Guilhem de), 39.
Sainte-Marie de Bonnut (Fort Guilhem de), 39.
Sainte-Marie de Bonnut (Guilhem Braso de), 39.
Sainte Suzanne (Comto de), 33.
Sainte-Suzanne (Forton de), 33.
Sainte-Suzanne (Raymond de), 33.
Saint-Geours (Arnaud de), 52.
Saint-Geours (Bernard de), 52, 53.
Saint-Geours (Fédac de), 52.
Saint-Girons (Garsie Fort de), 41.
Saint-Girons (Garsie Sanche de), 41, 42.
Saint-Girons (Ot ou Odon Guilhem de), 41.
Saint-Jean-d'Angely (l'abbé de), 66.
Saint-Julien (Sanche de), 7.
Saint-Martin (Anglaise de), dame do Saint-Cricq, 19.
Saint-Martin de Came .(Guilhem de), 100.
Saint Pandelon (Jean de), seigneur de Poustis, 100.
Saint-Pé (Guasen de), 142.
Saint-Pé (Raymond Arnaud de), 102.
Saint-Pé de Léren (Arnaud de), 84.
Saint-Pierre de Maillezais (Thibaud, abbé de), 66.
Salduna (Aner), 79.
Saleberta (Guilhem de), 124.
Saleberta (Julienne de), 124.
Salengs (Géraud des), 85.
Salha (Guilhem Fort de), 63.
Salies (Paysans de), 50.
Salies (Arnaud de), moine de Sorde, 109.
Salies (Arnaud Pelerin de), moine de Sorde, 101, 109, 151.
Salies (Boniface de), 39, 50.

ADDITIONS ET CORRECTIONS.

Page 37, note 4, ajoutez : il faut peut-être lire *colacos*. *Colacus*, signifie alose, on dit en basque *colac*. Ce poisson remonte les rivières au moment du frai.

Page 39, dernière ligne, au lieu de *ortavit* lisez *portavit*.

Page 53, acte LIV, ligne 5, au lieu de *filiâs* lisez *filias*.

Page 64, acte LXXX, ligne 0, au lieu de *Oras Lob, Garsias* lisez *Oras, Lob Garsias*.

Page 66, ligne 32, au lieu de *Gileminge, Arnaldus* lisez *Gileminge Arnaldus*.

Page 68, acte LXXXIII, au lieu de *discipilus* lisez *discipulus*.

Page 71, acte LXXXVI, ligne 3, au lieu de *monochus*, lisez *monachus*.

Page 74, note 2, au lieu de *personnage*, lisez *personne*.

Page 89, ligne 18, au lieu de *Gietas*, lisez *Giestas*.

Page 122, lignes 5, 6 et 7, remplacez les nᵒˢ 5, 4 et 5 des notes par *6, 7* et *8*.

Page 126, acte CL, ajoutez la date *1010* à *1032*.

Page 128, acte CLII, ligne 2, au lieu de *compuncitus* lisez *compunctus*. Ligne 3, au lieu de *Jokann* lisez *Johanni*.
Second acte CLII, lisez CLIII.

Page 157, note 5, au lieu de *Begsios* lisez *Béguios*.
Acte CLXXXIII, avant-dernière ligne, au lieu de *denorios* lisez *denarios*.

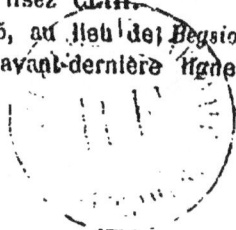

www.ingramcontent.com/pod-product-compliance
Lightning Source LLC
Chambersburg PA
CBHW070620100426
42744CB00006B/557